Friedhelm J. Adrian

Angstbewältigung im Schulalltag

vta

Friedhelm J. Adrian

Angstbewältigung im Schulalltag

Phänomene und Lösungen

vta

Impressum

Die Deutsche Nationalbibliothek verzeichnet diese Publikation in der Deutschen Nationalbiographie; detaillierte bibliographische Daten sind im Internet über http://dnb.dnb.de abrufbar.

1. Auflage Juli 2018

Dr. Gerald Mackenthun, Eberbacher Str. 4, 14197 Berlin, 030 8227813

Email: verlagta@gmail.com

www.verlag-ta.de

Druck und Vertrieb: Books on Demand GmbH
In de Tarpen 42
22848 Norderstedt

Gesetzt aus der Athelas serif und der Gill sans serif light.

Umschlaggestaltung: deblik Berlin unter Verwendung eines Fotos des Autors.

ISBN 978-3-946130-13-0

Die Menschen sollen Menschen bilden,
indem sie sie als Menschen behandeln.
Émile Zola (1840-1902)

Nur der verdient sich Freiheit wie das Leben,
der täglich sie erobern muss.
Johann Wolfgang von Goethe

Inhalt

Einleitung

Wie ein Sturz aus grosser Höhe kann die Angst empfunden werden, schmerzhaft, quälend, peinigend, ätzend, brennend, beissend. Verzweifelt suchen wir nach einem Halt im Fallen, misslingt das, sehnen wir das Vergessen herbei. So begegnen uns die Schilderungen von Menschen mit bohrenden Angstzuständen, meistens mit leiser und verzagter Stimme vorgetragen.

Aber genauso oft breitet sich die Angst in unserem Gemüt wie ein Nebel aus und verwischt die Konturen des Erkennens. Unwohlsein als Grundgefühl kann sich unser bemächtigen und einen Raum einnehmen, der alles andere einengt. Symptome wie geistige Ermüdung, verminderte Konzentrationsfähigkeit, nachlassendes Interesse an allem, was bisher das Leben ausgemacht hat, Schlaf- und Appetitstörungen, Unlustgefühle bei jeder kleinsten Arbeit bis hin zu Suizidgedanken können uns ergreifen, besonders dann, wenn unser Selbstwertgefühl geschwächt ist.

Angst muss aber nicht derart mächtig von uns Besitz ergreifen. Wie der Windstoss eines Flügelschlages streift sie uns zuweilen. Wir vernehmen seinen Hauch, wischen ihn weg, wenden uns ab und bemühen uns, den unangenehmen Empfindungen eine andere Richtung zu geben. Man bekommt den Eindruck, bei Angst und Ohnmachtsgefühlen zöge sich seelische Energie von gewissen Organen zurück und öffne die Türe für alle möglichen Krankheiten. Gewiss ist Angst ein gewaltiger Lähmungsfaktor, der alle Bereiche unserer Existenz ergreift.

Indem ich nun die Ängste bei Lehrpersonen beschreibe – ich gehörte selbst lange Jahre zu diesem Berufsstand –, dann nicht deshalb, weil das ein Berufszweig ist, der besonders unter Angst zu leiden hätte. Ich könnte ebenso gut die Angst in jedem anderen Beruf zum Objekt meiner Untersuchungen machen; warum also gerade der Lehrerberuf? In diesem Berufszweig haben wir es immer mit einer Gruppe von Menschen zu tun, die unsere Dialogfähigkeit und Empathie in erhöhtem Masse herausfordert, nicht vergleichbar mit einer eher stillen Bürotätigkeit, wo wir Gelegenheit haben, uns auch einmal zurückzuziehen. Obwohl es das Wesen des Menschen ausmacht, in Beziehung zu anderen Menschen zu sein, tun wir uns aufgrund vielfältiger Erlebnisse in der Kindheit oft schwer, damit umzugehen. Im Verlaufe der Kindheit ergeben sich hin und wieder Situationen, die das Zusammenleben mit Eltern und Geschwistern erschüttern. Wir sind zwar ein untrennbarer Teil dieser Familie, empfinden aber in bestimmten Situationen einen Verlust an Geborgenheit oder deuten einen Sachverhalt falsch. Daraus können vielfältige Unsicherheitsgefühle entstehen, wie wenn wir aus dem Nest gestossen würden. Im Verlaufe unseres Lebens meldet sich dann im Umgang mit den Mitmenschen dieses Empfinden, wie im Feindesland zu leben. Die Befürchtung, ausgestossen zu sein, nicht wirklich dazu zu gehören, ausserhalb der Gemeinschaft zu stehen, ist eine der bedrängendsten Angstformen.

Diese vielfältigen Eindrücke, die wir in frühen Jahren empfingen, machten es manchmal nötig, uns abzuschirmen und unser bedrücktes, eingeengtes Ich zu schützen. Das ist einerseits ein schöpferischer Lösungsversuch im Bewältigen von zwischenmenschlichen Beziehungen, andererseits kann durch allzu heftige Abwehrmechanismen die Offenheit und Persönlichkeitsentwicklung eingeschränkt werden.

Das Erziehungsgeschehen besteht bis heute bedauerlicherweise nur allzu oft aus Bemühungen des Erziehers, Meinungsverschiedenheiten durch Druck, unnötige Einschränkungen oder Zwang zu lösen; Trotz und Verstocktheit oder Rückzug ist unweigerlich die Folge beim Kind. Es ist daher nahe liegend, wenn wir im späteren Leben Spannungskontraste nur schwer ertragen können. Diese vielen Divergenzen und Widersprüche, die sich allein schon aus der Frage ergeben, was will ich und was will der andere, lassen sich aber nur verschmelzen, wenn wir über ein grosses Mass an Selbstsicherheit und Weltoffenheit verfügen. Die bedeutsame Frage, wie wir die Offenheit und Unbekümmertheit der Kinderjahre in das Erwachsenenleben hinüber retten könnten, haben sich aufmerksame Pädagogen immer wieder gestellt, ohne schon eine endgültige Antwort gefunden zu haben. Manchmal will es der Zufall, dass einzelne Menschen diese Offenheit gegenüber den Mitmenschen erreichen, und es wäre bedeutungsvoll, ihren Werdegang gründlich zu erforschen.

Auch die Kunst hat sich dieser Thematik angenommen. So beklagt Lenski in Tschaikowskys Oper „Eugen Onegin“ den Verlust der verlorenen Jugendlichkeit in tiefer Traurigkeit: „Wohin? Wohin? Wohin bist du entschwunden, oh seel'ges Glück der Jugendzeit?", diese soll hier durch die Liebe neu entflammt werden. In gewisser Hinsicht wäre das eine richtige Überlegung; jugendlich bleiben und sich gleichzeitig entwickeln ist sicher mehr als nur Schwärmerei, sie sollte Lebensziel eines jeden sein. Nur wenigen Menschen ist das in ihrem Leben gelungen. Von Goethe ist bekannt, dass er zeitlebens im Innern jugendlich blieb und trotzdem zu reifen verstand.

Jugendliche sind auf einfühlendes Verstehen angewiesen. Um zur inneren Reife zu gelangen, brauchen sie Leitbilder. Dieses Lernen von Einstellungen und Werten benötigt Vorbilder, an denen sich Jugendliche orientieren können. Eine geglückte zwischenmenschliche Kooperation in der Schule kann einen gewaltigen Einfluss als Korrekturfaktor auf die Unzulänglichkeiten haben, die sich im Verlauf der häuslichen Erziehung einschleichen. Unsichere und ängstliche Lehrpersonen vermitteln kaum eine Haltung des Mutes und der Zuversicht, die es beim Lernen braucht. Es ist auch von Vorteil, wenn Erzieher über ausreichende Kenntnisse verfügen, wie Angst vermieden werden kann, da viele Schüler darunter leiden. Generell kann gesagt werden, dass nur der Lehrer, der sich seiner Angst gestellt hat und stellt, als Vorbild und Dialogpartner der Jugendlichen taugen kann. In gewisser Hinsicht braucht er einen kleinen Mut-Vorsprung, um andere zu ermutigen. Dann kann Kindern und Jugendlichen geholfen werden, das Lernen in Angriff zu nehmen.

Aus meiner eigenen Lehrtätigkeit weiss ich, dass Lernen ein Vorgang ist, der nur bewältigt werden kann, wenn Lehrer und Schüler in der dialogischen und mitmenschlichen Auseinandersetzung ein Mittel für innere und äussere Entwicklung sehen. Je mehr es einem Pädagogen gelingt, mit seinen Schülern in Beziehung zu treten, desto besser wird er den Schwung der Entfaltung und die Lebenskraft seiner Zöglinge anregen können. Angst bedeutet im Gegensatz dazu ein Hindernis auf dem Weg zu neuen Erkenntnissen.

1. Angstphänomene

Es gibt keine Grenzen.
Weder für Gedanken, noch für Gefühle.
Es ist die Angst, die immer Grenzen setzt.
Ingmar Bergman

1.1. Angst als Eigenart menschlicher Natur

Es gibt wohl kaum ein Empfinden, welches Menschen so dauerhaft begleitet, wie die Angst. Allen von uns ist sie bestens bekannt, wenn sie auch in unterschiedlicher Prägung von uns Besitz ergreifen kann. Angst ist zudem seit jeher Gegenstand der Betrachtungen von Dichtern, Philosophen und Psychologen gewesen. Dieses eigentümliche Gefühl der Unsicherheit und Hilflosigkeit, welches uns Menschen im schlimmsten Fall so stark überfallen kann, dass wir nicht mehr imstande sind, eine vernünftige Entscheidung zu treffen, scheint nur unserer Spezies in diesem Ausmass eigen zu sein. Wenn auch Tieren Ängste nicht unbekannt sind, so gibt es doch insofern Unterschiede, als diese nicht imstande sind, in die Zukunft zu schauen oder sich Gedanken über die Vergangenheit zu machen.

In der Philosophie hat die Angst schon früh eine Rolle gespielt. Die Menschheit vermutete in ihren frühen Kindheitstagen hinter den Krankheiten und Unglücken als Ursache überirdische Mächte und Energien, die es zu beschwichtigen galt. In der griechischen Antike gelang dann Philosophen der Sprung vom *Mythos zum Logos* (W. Nestle). Diese auf Vernunft begründeten Überlegungen haben sich trotz der Rückschritte des christlichen Mittelalters bis heute durchgesetzt. So war Aristoteles (384-322 v. Chr.) der Ansicht, dass

Angst zwei Seiten haben kann, die eine kann zu vernünftigem Handeln führen, während die andere eher als pathologisch angesehen werden muss, so z.B. die Angst vor einer Maus. Epikur (341-271 v. Chr.) sah Angst als Gegensatz zur Gelassenheit und strebte einen angstfreien Zustand an. Demzufolge verwarf er die Angst vor dem Tod, weil der mit dem Leben nichts mehr zu tun habe. Auch die Götter sollten keine Macht über Menschen haben, da sie in einer anderen Sphäre angesiedelt seien und sich nicht für vergängliche Menschen interessierten.

Jakob Böhme (1575-1624) und Friedrich Wilhelm Schelling (1775-1854) erklärten die Angst als zum Leben dazugehörig und als *Grundempfindung jedes lebenden Geschöpfs.* Der Existenzphilosoph Sören Kierkegaard (1813-1855) beschrieb die Angst als Folge, in eigener Verantwortung Entscheidungen treffen zu müssen, und das sei stets mit Angst verbunden.

Einer der Wegbereiter einer wissenschaftlichen Naturlehre war der Religionskritiker Ludwig Feuerbach (1804-1872), der in der Mystifizierung der Ängste und Hoffnungen und deren Projektion in ein Jenseits eine Fehlinterpretation sah, die durch eine Rücknahme der Projektionen zum Menschen hin, eine sogenannte *anthropologische Reduktion,* zur Selbsterkenntnis führen kann.

Sigmund Freud (1856-1939), dem Begründer der Psychoanalyse, gehört unsere Anerkennung dafür, dass er die psychischen Irritationen, die mystisch verklärt waren, in das Selenleben des Individuums zurückholte und einer menschlichen Betrachtung zugänglich machte. Der Einfluss der Götter auf die seelischen und somatischen Krankheiten und die Therapie durch Teufelsaustreibung verlor ihre Macht durch eine psychologische Krankheitstheorie, die eine dialektische Bezogenheit von Gesundheit und Krankheit zum Inhalt hatte. Alfred Adler (1870-1937), der Schöpfer der Individualpsychologie, erforschte ebenfalls den Zusammenhang zwischen körperlichen und seelischen Funktionen der Menschen. Er erkannte die Beziehung von Gefühlen, Affekten und Stimmungen zu den somatischen Zuständen, die dabei ausgelöst werden und umgekehrt (1912 im Hauptwerk: *„Über den nervösen Charakter.*“

Martin Heidegger (1889-1976) sah in der Angst das Wahrnehmen des Nichts: „Das Dasein ist ein Sein zum Tode“ und „Das Sein zum Tode ist wesenhaft Angst“. Jean-Paul Sartre (1905-1980) sagt: „Der Mensch ist Angst“ und meint damit die Erfahrung der eigenen Unzulänglichkeit in der eigenen Freiheit und Verantwortung.

Die Angst in allen ihren Schattierungen ergibt eine Betrachtung, die von Ansporn (anthropologischer Aspekt der Angst) zu Destruktion (pathologischer

Aspekt der Angst) fliessend verlaufen kann. Je grösser die Selbstsicherheit eines Menschen ausgebildet ist und je mehr die Lebensaufgaben in einem gemeinschaftsfördernden Sinne gelöst werden, desto geringer ist die Gefahr, in pathologische Angstzustände abzugleiten.

Angesichts der situativen Umstände sind wir fortwährend aufgerufen, Entscheidungen zu treffen. Die Handlungen, die sich daraus ergeben, stehen in unserer Verantwortung. Man könnte hier einwenden, wir würden damit einer Vergeltungsidee und einem „freien Willen" das Wort reden. Verantwortung hat jedoch jeder vollsinnige Mensch, denn er ist es, der handelt. Verstösst die Tat gegen den gesunden Gemeinschaftssinn, dann steht die Mitwelt vor der Aufgabe, zu vermitteln, was Gemeinschaft bedeutet und wie andere vor schädigenden Einflüssen geschützt werden können. Die Sorge um das Gemeinwohl schliesst die gesamte Gesellschaft ein, angefangen von der Erziehung mit ihren Übergriffen auf die Kinder bis hin zu den gesellschaftlichen Missständen, die Menschen zu unwürdigen und asozialen Handlungen verleiten könnten.

Ein Mensch, der nach reiflicher Überlegung autonom handelt, der zu seiner Individualität stehen kann, gegebenenfalls auch gegen den Druck von Majorität, kann frei genannt werden. Eine getroffene Entscheidung kann sich im Nachhinein trotz aller Abwägungen als falsch erweisen. Der Gesunde wird trotzdem den Mut haben, zu handeln, nach dem Motto: Wer wagt, gewinnt.

Ist der Mut zum „Selbstsein" (Heidegger) bei einem Menschen klein, ergeben sich daraus Engen, die ihn im Gegenwärtigen verharren lassen; das erzeugt Angst und auch die Vergangenheit als Erfahrungsschatz kann dann nicht genutzt werden. Man flüchtet in ein konformistisches Dasein, verbunden mit allen erdenklichen Ausweichtendenzen. Der Mut zur Tat und Verantwortung bleibt dabei auf der Strecke. Angst ist, wenn sie uns hindert, zu handeln, der Verlust der Freiheit.

Ganzheitsbetrachtung der Angst

anthropologisch + pathologisch

Biologische Natur des Menschen	*Seelische Erkrankungen*
Vorsicht, Sorge, Besonnenheit	*Neurosen, Psychosen, Phobien*

Die Bedeutung von Zeit und Raum:

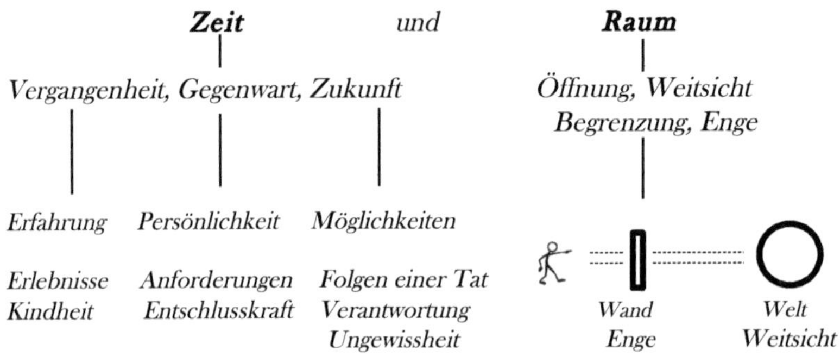

Erklärung:

Die Angst kann sowohl als *Anthropinon* (menschliche Eigentümlichkeit) als auch als Ausdruck einer *Pathologie* in Erscheinung treten. Erstere deutet auf die Besonnenheit und Vorsicht bei den Entscheidungen in Lebensfragen hin, da die Verantwortung sowohl den individuellen als auch den gesellschaftlichen Bereich umfasst (im Sinne des Gemeinschaftsgefühls von Alfred Adler).

Bei seelischen Erkrankungen (Pathologie) hingegen werden Anzeichen für die Hemmung, Entscheidungen zu fällen, sichtbar, die sich als Neurose (Als-ob-Strategie und zögernde Haltung), als Psychose (Realitätsverlust) oder auch als Phobie (Wahrscheinlichkeitsstörung) äussern können. Ganzheitlich betrachtet ergibt sich ein Zusammenhang zwischen Freiheit und Angst. Bei pathologischer Angst geht der Freiheitsgrad vernünftigen und selbstbewussten Handelns weitgehend verloren. All das äussert sich im Zeit- und Raumerleben.

„Angstcharaktere ängstigen sich vor der Weitläufigkeit des Raumes. Ihr Zufluchtspunkt ist der stille Winkel. Sie leben gerne im Abseits. Ihre Bewegungsart ist scheu und schüchtern; sie wagen es kaum, auszuschreiten." (Rattner, Josef 1998b, S. 22)

Das pathologische Element der Angst kann sich jedoch auch im aktiven Handeln entfalten, dann nämlich, wenn die Tat dem Gemeinschaftssinn entgegensteht. Menschen dieser Spezies sind Täter und Opfer zugleich, und ihre Aktionen sind Produkte von Vernunftwidrigkeiten bis hin zu Wahnvorstellungen; ihre Entscheidungen halten sie in Abhängigkeiten gefangen. Sie sind zutiefst unfrei und ruhelos. Alle autoritär und diktatorisch gesinnten Individuen gehen den Weg in die Leere und scheitern in ihrem Menschsein. Wir neigen leider heute noch viel zu sehr zu sogenannter Heldenverehrung (z.B. Geschichtsunterricht) und bekunden damit unsere gesellschaftliche Neurose.

Dazu Bertolt Brecht:

> Wer baute das siebentorige Theben?
> In den Büchern stehen die Namen von Königen.
> Haben die Könige die Felsbrocken herbeigeschleppt?
> Und das mehrmals zerstörte Babylon,
> Wer baute es so viele Male auf?
> ....
> Alle zehn Jahre ein grosser Mann.
> Wer zahlt die Spesen?[1]

In der Literatur wurde die Angst immer wieder als Thema aufgegriffen. Eindrücklich hat z.B. *Franz Kafka* (1883-1924) in all seinen Schriften die selbsterlebte Angst bearbeitet. In seinem 103-seitigen Brief an den Vater, der ihn gefragt hatte, warum er Furcht vor ihm habe, schildert Kafka seine kindlichen Nöte, die ihn *sein Selbstvertrauen* verlieren und *dafür ein grenzenloses Schuldbewusstsein* eintauschen liess. Auch als erfolgreicher Schriftsteller beherrscht ihn noch immer die kindliche Angst vor dem Vater. Er fühlt sich *enterbt, ausgestossen* und ringt um die Anerkennung des Vaters. Die Angst wird bei Kafka als Folge einer lieblosen und unangepassten zwischenmenschlichen Beziehung gesehen. „Du hattest mir (aber) schon früh das Wort verboten, Deine Drohung: ‚Kein Wort der Widerrede!' und die dazu erhobene Hand begleiten mich schon seit jeher. Ich bekam vor Dir ... eine stockende, stotternde Art des Sprechens, auch das war Dir noch zu viel, schliesslich schwieg ich, zuerst vielleicht aus Trotz, dann, weil ich vor Dir weder denken noch reden konnte."[2] Auf die psychologischen Theorien zur Angst werde ich später eingehen.

Eine Eigentümlichkeit der Angst besteht darin, dass sie uns in den meisten Situationen nicht bewusst ist. Der Fachmann erkennt sie an bestimmten Symptomen, die in somatischen wie auch in seelischen Beschwerden in Erscheinung treten können. Der Körper reagiert bei Angst häufig mit Muskelverspannungen, Darmbeschwerden, Herzrhythmusstörungen, Kopfweh, Müdigkeit etc., während seelische Unstimmigkeiten als Verstimmungen oder Ausweichtendenzen Platz ergreifen. Die vielfältigsten Schutzmassnahmen vor wirklichen

---

[1] Brecht, Bertolt: Kalendergeschichten – Fragen eines lesenden Arbeiters. rororo. 2008

[2] Kafka, Franz: Brief an den Vater. Fischer TV Frankfurt am Main. S. 20

oder auch nur vermeintlichen Gefahren sollen später eingehend erörtert werden. Angst gehört aber unweigerlich zu unserem Leben, ob bewusst oder im Schatten unseres Selbst. Es steht ausser Frage, dass Angst die Lebensfreude und jegliche Aktivität erheblich mindern kann, und der Kampf, sie zu überwinden, kann Jahre dauern und ohne fachmännische Hilfe vergeblich sein.

Viele Versuche wurden im Verlaufe der Menschheitsgeschichte unternommen, die Angst zu überwinden oder doch wenigstens zu reduzieren. Als Sigmund Freud am Anfang des 20. Jahrhunderts mit seiner Entdeckung des Unbewussten die Weichen für eine wissenschaftliche Betrachtung der menschlichen Seele stellte, war das ein epochaler Durchbruch im Bemühen um das Werden und Sein. Nun konnte man darangehen, sich der schwierigsten Disziplin in der Naturforschung zuzuwenden, um sie von Spekulationen zu befreien. Die Religionen, die bis weit in die Gegenwart hinein die Ängste der Menschen verwalteten und Milderung versprachen, transformierten diese nur auf eine andere Ebene. Die geforderte Unterwerfung unter das Glaubensverdikt schuf neue Ängste und Abhängigkeiten.

Die wissenschaftliche Menschenkenntnis und die gewonnenen Einblicke in die Lebensgeschichte eines Menschen, seine individuelle Art und Einstellung zu sich und der Umwelt und das sich daraus entwickelte Verhalten in verschiedenen Lebenssituationen ermöglichten zum ersten Mal tiefere Einsichten in die Zusammenhänge des Seelenlebens, die bislang noch im Dunkeln lagen.

Was wir heute wissen: Die Angst ist durchaus eine sinnvolle biologische Reaktion und hat in vielen Situationen eine lebenserhaltende Aufgabe zu erfüllen. Was würde geschehen, wenn wir die Gefahren des Verkehrs auf unseren Strassen nicht wahrnehmen könnten oder wenn wir einen Tiger im Zoo ohne Hemmungen zu streicheln versuchten? Die Angst als *Vorsichtsmassnahme* gegenüber einer klaren Gefahr schützt uns vor Unglück und Tod.

Neben der Sicherungstendenz kann Angst auch motivieren, uns den Aufgaben des Lebens zu stellen. Wer vor einer Prüfung Angst empfindet, wird sich in den meisten Fällen dem gelernten Stoff noch einmal zuwenden und damit die Erfolgsaussichten auf ein Gelingen erhöhen. Diese *Motivation* ist also durchaus vernünftig. Die Aufmerksamkeit gegenüber den verschiedenen Herausforderungen des Lebens erhöht sich, wir bemühen uns um Einsicht und Erkenntnisse und ziehen daraus unsere Schlüsse. Die gemachten Erfahrungen werden gesammelt und bleiben im Gedächtnis haften, stehen uns also für weitere Aktionen zur Verfügung. Für die Erzieher und Pädagogen gilt es zu unterscheiden, ob bei einem Jugendlichen das sorgfältige Abwägen in Bezug zu einer geplanten Handlung im Vordergrund steht (anthropologische Angst) oder Hemmungen und Vermeidens-Tendenzen (pathologische Angst). Alle Anzeichen von Schüchternheit, Rückzugs- und Vermeidens-Tendenzen weisen darauf hin, dass Kindern und Jugendlichen der Mut fehlt, sich den Aufgaben des Lebens zu stellen. Da ist Hilfe und Ermutigung durch einen einfühlsamen und teilhabenden Beobachter und Förderer vonnöten.

Grundsätzlich ist die pathologische Angst ein Affekt, der einen Menschen in einen Gemütszustand versetzen kann, der sich auf Körper und Seele auswirkt. Alfred Adler, der Begründer der Individualpsychologie, sieht in den Affekten ein Verhalten, welches finalen Charakter aufweist. So kann das Ziel einer Angststörung bei Prüfungen sein, sich dieser zu entziehen und damit einen Misserfolg zu vermeiden. Unter Angststörungen werden Emotionen verstanden, die weit über das hinausgehen, was entsprechend der erlebten Situation verhältnismässig wäre. Der dadurch entstehende Leidensdruck oder die verminderte Leistungsfähigkeit sind beträchtlich und stark.

Eine grobe Klassifizierung der Angststörungen ergibt sich aus der Unterscheidung von *generalisierten Angststörungen* (ständige Sorgen), von *Panikstörungen* und *Phobien*[3]. Erwähnung soll hier ebenfalls die *Furcht* finden, die als heftige Reaktion auf eine *wahrgenommene* Gefahr auftritt. Sie sinkt schnell wieder ab, wenn die Gefahr vorbei ist. *Angst* vergeht weniger schnell und ist weniger intensiv als physiologische Reaktion, sie bedeutet aber eine ständige Vorsicht und Anspannung (Vigilität).

Angststörungen gehören zu den bekanntesten psychischen Störungen und sind weit verbreitet (ca. 25% der Bevölkerung). Bei Alkoholmissbrauch und Drogenkonsum, aber auch bei zwischenmenschlichen Problemen sind Angststörungen häufig anzutreffen. Bei depressiven Störungen ist die Rate des Vorkommens von Angstzuständen am weitesten verbreitet. Bedauerlich ist, dass in den meisten Fällen keine Psychotherapie erfolgt, denn gerade hier kann sehr erfolgreich behandelt werden.

Immer wenn emotionale Anteile im Gemütsleben eine Rolle spielen, muss im Sinne einer ganzheitlichen Betrachtung die kognitive Seite ebenfalls berücksichtigt werden. Prüfungsangst kann das Denken enorm stören. Andererseits beeinflusst das Denken auch die Gefühle. So können Vorurteile Gefühle der Angst auslösen, wie z. B. die Angst vor Fremden und Fremdem. Da Gefühle von Geburt an primär sind, das Denken aber erst später einsetzt, können wir

---

[3] Becker, Eni: Angst. Ernst Reinhardt Verlag, 2011, München. S. 13

davon ausgehen, dass Gefühle unser Verhalten weitaus intensiver bestimmen als der Verstand.

Panikstörungen sind äusserst intensive Angstzustände. Ihre häufigsten Symptome sind Herzrasen, Schweissausbrüche, Erstickungsanfälle, Zittern, Übelkeit, Schwindelgefühle, Todesangst oder Angst vor Kontrollverlust. In der Regel kann nach einer Dauer von einigen Minuten mit einer Verbesserung gerechnet werden.

Panikattacken können plötzlich und ohne ersichtliche Ursache auftreten. Als Ursachen von Angststörungen dieser Art erkennt man besonders belastende Lebensumstände wie Verlust einer Beziehungsperson, Unfall, Arbeitslosigkeit oder bedrückende Erlebnisse in der Kindheit.

Auslöser einer Panikattacke ist aber zumeist nicht so sehr die Angst vor einer bestimmten Situation wie Platzangst, sondern die Vorstellung, in einen nicht mehr zu kontrollierenden Zustand der Angst zu geraten. Die Befürchtung, z.B. in einem kleinen und geschlossenen Raum keine Luft zu bekommen und ersticken zu müssen, kann als lebensbedrohliches Anzeichen erlebt werden. Es ist die Angst vor der Angst, die in solchen Momenten die Panikattacke auslöst. Dass betroffene Menschen alles daran setzen, solchen Situationen aus dem Weg zu gehen, ist verständlich. Ein Erfolg in der Therapie kann deshalb nur erzielt werden, wenn diese Vermeidens-Haltung durchbrochen wird, und eine vertrauensvolle Beziehung zum Therapeuten den Mut wachsen lässt, dass die Angst nachlässt, wenn man sich einer Situation stellt.

Phobien können einen Menschen in seiner Lebensführung dauerhaft und intensiv beeinträchtigen. Unter den Begriff der Phobie fallen alle möglichen Bezeichnungen, und das ist erklärbar, denn es gibt fast keine Objekte und Situationen, die sich nicht anbieten, Ängste auszulösen (z.B. die Angst vor Mäusen, vor Feuer, vor Staub, vor Frauen oder Männern, vor Büchern, vor Berührung, vor Kometen, die Angst zu altern, vor Höhen etc.).

Zufällig tritt oft eine Situation im Leben eines Menschen ein, die ihn erschreckt und veranlasst, solche Begebenheiten zu vermeiden. Immer handelt es sich bei Phobien um Ängste, die benannt werden können, also bewusst sind, und dadurch unterscheiden sie sich von den anderen Angststörungen. Die Angst z.B. vor Spinnen (Arachnophobie) und ähnlichen Tierarten ist eine übertriebene Angst, gebissen zu werden und dadurch Verletzungen zu erfahren. Schon der Gedanke an Spinnen kann unter Umständen Angst auslösen, die dann zu Überlegungen führt, unter allen Umständen solche Situationen zu umgehen. Diese Menschen sind äusserst beeinträchtigt, können z. B. nicht in ein Hotelzimmer eintreten, bevor nicht alles auf die Möglichkeit der Existenz von Spinnen erkundet wurde. Die negative Erwartungshaltung begleitet solche Menschen ständig und hat mit einer wirklichen Einschätzung des Gefahrenpotenzials wenig zu tun. Fast immer müssen wir davon ausgehen, dass diese Angst schon früh im Leben eines Menschen entstanden ist. Eine Mutter, die selber Angst vor Spinnen hat, vermittelt ihrem Kind eine irrationale Sicht. (Imitations- bzw. Modelllernen). Bei der Angst vor Hunden spielt nicht selten die Instruktion der Eltern vor der Gefahr des Gebissen-Werdens eine Rolle.

Bei der Klaustrophobie geht es um die Angst vor der Enge, vor abgeschlossenen Räumen. Türen dürfen nicht geschlossen sein, da schon allein dieser Zustand Panikattacken auslösen kann. Die Angst vor der Einengung kann sich steigern bis zu Erstickungsängsten. Einen solchen Anfall erlebte ein Patient in seinem Auto, das er durch die Waschstrasse begleitete. Ein anderer schilderte einen Angstanfall auf einem Spaziergang durch eine Schlucht. Menschenansammlungen, Kinosäle, kleine Zimmer, MRT-Röhren, Busse etc. können ebenfalls Anlass bieten zu heftigen Angstreaktionen. Die Überlegung geht dahin, einen psychodynamischen Hintergrund in der Klaustrophobie zu sehen, der auf ein Ungenügen in den zwischenmenschlichen Beziehungen hindeutet, sich als eigenständige Persönlichkeit zu erleben und sich von den Erwartungen der Anderen zu wenig abgrenzen zu können.

Der amerikanische Psychiater Harry Stack Sullivan (1892-1949) sah in der *interpersonalen Beziehung* den Hauptfaktor bei der Entwicklung ernster Lebensprobleme.[4] Im Gegensatz zur Lehrmeinung der biologischen Psychiatrie vertrat er die Ansicht, dass auch die Schizophrenie geheilt werden kann, da sie sich aus der Lebensgeschichte des Patienten entwickelt. Die Vererbungs- und Konstitutions-Hypothesen, die bis heute das Problem psychischer Erkrankungen in einen Nebel der Mystifikation hüllen, konnten als weitgehend spekulativ entlarvt werden. Sullivan erkannte, dass Familientraditionen für das spätere Entstehen der Erkrankungen durchwegs entscheidender ins Gewicht fallen, als z. B. nicht nachweisbare schizophrene Gene.

Zu erwähnen ist auch David Cooper mit seinem Buch *Die Sprache der Verrücktheit* (1978). Er wollte zwar in den Geisteskrankheiten eine Art Kreativität entdeckt haben, die man nicht beeinflussen sollte; seine Sicht, dass die sogenannten Normalen die schlimmsten Verrückten seien, muss aber überdacht werden, wenn wir die maroden wirtschaftlichen und politischen Zustände in der Welt mit ihren Kriegen und Diskriminierungen betrachten. Viel ergiebiger

---

[4] Harry Stack Sullivan: Die interpersonale Theorie der Psychiatrie (1953/1980)

scheint es uns zu sein, die Kluft zwischen den nervösen und psychisch leidenden Menschen gegenüber den sogenannt Normalen einzuebnen.

Der Mensch existiert durch die Mitwelt, und das ist für jeden bestimmend. Alle pathologischen Zustände weisen letztlich auf ein karg entwickeltes Gemeinschaftsgefühl hin, wobei die Angst als Grundstimmung zu betrachten ist. Wenn wir den psychisch Leidenden mit einem gesunden Menschen vergleichen, dann stellen wir fest, dass beim erstgenannten nervöse Symptome nur stärker in Erscheinung treten. Der Gesunde ist in der Lage, die Lebensaufgaben Arbeit, Liebe und Gemeinschaft weitgehend zufriedenstellend zu lösen, während bei nervösen Menschen die Lebensverhältnisse durch Angst beeinträchtigt sind. Das löst eine Distanz zu den Mitmenschen aus, die alle möglichen Vermeidens-Strategien auf den Plan rufen.

Wenn bei Kindern und Jugendlichen die Persönlichkeitsentwicklung gedeihen soll, müssen sie viele soziale und kulturelle Lernprozesse durchlaufen. Schule und Beruf, Freundschaft, Liebe und Erfolg, Interesse an Gemeinwohl und Kultur sind massgebliche Faktoren der Entwicklung, während Misserfolge in diesen Bereichen den seelischen Irritationen Vorschub leisten. Es ist deshalb existenziell, die lebensgeschichtlichen Ursachen der Entmutigung zu erkennen. Verstimmtheit ist nach Heidegger Ausdruck von Antwort auf Verängstigung. Vorbeugung durch richtige Erziehung wäre der richtige Weg zu einem psychischen Gleichgewicht.

1.2. Was sind Gefühle und wie entstehen sie?

Als Damon in Friedrich Schillers „Die Bürgschaft" versucht, seinen Freund, den er als Pfand bei dem Tyrannen Dionys hinterlassen hatte, auszulösen, stellen sich ihm mehrere Hindernisse in den Weg. Er eilt aber, um den Freund vor dem Tod zu retten:

> Und die Angst beflügelt den eilenden Fuss,
> Ihn jagen der Sorge Qualen;

Angstgefühle, Fürsorge, Freundschaft, Wut, all diese Empfindungen begegnen uns in dieser Ballade. Beim Leser werden Gefühle der Freude und der Verbundenheit ausgelöst. Was sind aber diese Gefühle, die uns so sehr im Griff haben, und wie entstehen sie im Menschen?

Wenn ein Kind geboren wird, haben bereits zwei Tendenzen sein Werden im Mutterleib gekennzeichnet: wachsen zu wollen und in Beziehung zu sein. Diese Bedingungen müssen auch nach der Geburt erfüllt werden. Bereits im 7.

Jahrhundert v. Chr. soll Pharao Psammetich I. zwei Säuglinge isoliert haben, um die Ursprache zu erfahren. Es zeigte sich, dass menschliches Leben ohne Liebe nicht gedeihen kann. Menschen sind soziale Wesen und brauchen den kommunizierenden und fürsorglichen Mitmenschen zu ihrer Entwicklung.

Im ersten Lebensjahr sprechen wir von der Menschwerdung, was bedeutet, dass hier der Boden für Gefühle gelegt wird. In der Beziehung zur Mutter, diesem Hin und Her im Wahrnehmen und Beachten, findet eine gegenseitige Übertragung statt, durch die der Säugling allmählich mit der Welt verflochten wird. Durch die Gefühle nehmen wir alles auf, was rings um uns herum geschieht und reagieren und agieren. Insofern sind Gefühle die Motoren des Selenlebens (Adler).

„Die Gefühlsvielfalt, wie wir sie bei Erwachsenen antreffen sollten, ist den Neugeborenen nicht mitgegeben. Lediglich die Disposition, die Anlage zum Fühlen ist angeboren. Die Gefühlsentfaltung setzt mit der Entstehung des Ichs ein. Die bis dahin diffusen Gefühlsqualitäten beginnen sich nun zu differenzieren. Die Aneignung des Sprachdenkens, das mit der Ich-Werdung parallel geht, ist beim Erlernen der Gefühle ein Meilenstein. Die Differenzierung der Gefühle ist ein komplizierter, nie abgeschlossener Lernprozess, der alle Gefühlsgruppen betrifft, wenn auch in unterschiedlichem Masse.“[5]

Unsere Gefühle haben von Anfang an einen Bezug zu Werten. Letztere werden erst durch die Gefühle erfahren und erspürt. Angenehm wird z.B. Wärme empfunden, während Kälte als unangenehm wahrgenommen wird. Ebenso wird vom Säugling die liebevolle Zuwendung der Mutter zu ihrem Kind als wachstumsfördernd und ermutigend, also angenehm registriert. Gleichgültige Behandlung erschreckt das Kind und wirft es auf sein Selbst zurück, sodass nur eine reduzierte und kümmerliche Gefühlsentwicklung stattfinden kann. „Je differenzierter die Gefühlsbeschaffenheit eines Menschen ist, umso feiner reagiert er auf verschiedenartiges Wertniveau und umso liebesfähiger ist er.“ (Rattner 1999).

Zu allen Zeiten richteten grosse Denker ihren Blick auf die Welt der Werte und schufen Kultur, die durch ihre Gefühlsentwicklung ermöglicht wurde. Auch geht das Fühlen dem Wahrnehmen voraus, was ersichtlich wird, wenn wir z.B. eine Schulklasse betreten; bei Angstgefühlen erwarten wir nichts Gutes von den Schülern, obwohl wir die Türe noch nicht geöffnet haben. Das Angstgefühl lässt uns das Schlimmste ahnen, und etliche Male sind wir überrascht, wenn unsere Befürchtungen nicht eintreten.

---

[5] Greulich-Janssen, Gisela: Fühlen und Denken - Wege zur Person. VTA-Verlag Berlin, 2017

Unsere Gefühle bestimmen unser Handeln. Verfälschte Wahrnehmungen durch Affekte, wie Angst, Neid, Eifersucht, Ärger, Wut, Hass etc. verleiten zu *Projektionen,* einer Verlagerung der eigenen Schwächen auf andere Menschen, zu *Verdrängungen,* durch die die eigene Selbstachtung erhalten werden soll oder zu *Rationalisierungen,* indem scheinbar logische Begründungen für unvernünftiges Verhalten herhalten müssen. Affekte machen immer unfrei, während Gefühle, die mit Werten einer hohen Werteskala verbunden sind, stets in Richtung Solidarität mit anderen Menschen weisen. Dazu gehören z.B. Liebe, Freude, Heiterkeit, Humor, Hoffnung, Zuversicht, Wohlwollen, Mitgefühl etc., die Ausdruck der Entfaltung des Gemeinschaftsgefühls, der Selbst- und Menschenliebe sind.

Adler ging bei seiner individualpsychologischen Lehre davon aus, dass alle Handlungen eines Menschen, alle seelischen Bewegungen, ein Ziel und einen Zweck verfolgen (Teleologie). Wie diese Ziele aussehen, das hängt von unserem in der Kindheit erworbenen Charakter ab und verleiht dem Handeln einen persönlichen Anstrich. Alle Lebensleistungen sind untrennbar miteinander verbunden und lassen das Verhältnis des Einzelnen zu den Problemen der Umwelt erkennen. Unsere Gefühle liefern in diesem Zusammenhang „sozusagen den Brennstoff oder den Dampf für unser Handeln" (Adler). Auch gibt es im Leben eines Menschen nichts, was unabhängig vom Ganzen existiert (Holismus). Dieses Ganze beinhaltet demnach unser Denken, Fühlen und Handeln und steht im Gegensatz zum materialistischen Atomismus, denn nicht durch die Zerlegung des Ganzen in seine Einzelteile kann der Mensch erkannt werden, sondern durch das Zusammenwirken aller Teile ist das Ganze erst lebensfähig.

1.3. Gesellschaftlich-kulturelle Aspekte

Albert Einstein (1879-1955) bemerkte einmal, dass es in unserer Epoche leichter ist, ein Atom zu zertrümmern, als ein Vorurteil.

Auch die Betrachtungen der Welt in allen ihren Erscheinungsformen sind bei vielen Menschen rudimentär und einseitig. So haben wir im Geometrieunterricht gelernt, dass die Winkelsumme im Dreieck 180° beträgt. Diese Annahme ist jedoch ungenau, da die Oberfläche der Erde eine Kugel ist. Bei der Weltkugel oder bei einer Sattelfläche ist die Winkelsumme genau genommen grösser oder kleiner als 180°.

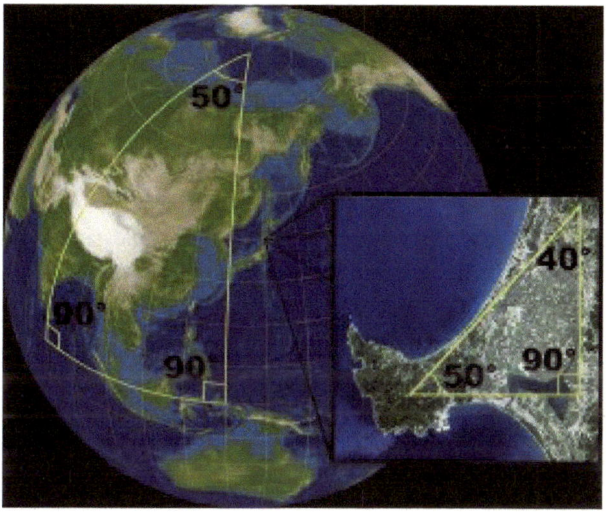

Kugelmodell (Lars H. Rowedder)

Das ist gewiss eine Differenzierung, die normalerweise bei einem Blatt Papier, welches auf dem Schreibtisch liegt, und auf das wir ein Dreieck zeichnen, vernachlässigbar ist. Bei grossen Distanzen auf der Erdkugel sieht das aber anders aus. Es gibt im Leben Ansichten und Meinungen, wo es sich lohnt, genauer hinter die vordergründigen Erscheinungen zu schauen. Das ist vor allem dann der Fall, wenn wir eine zwischenmenschliche Situation beschreiben müssen. Da stellt sich leicht ein Vorurteil ein. Besonders fällt auf, dass Vorurteile in gesellschaftlichen Belangen auf Schritt und Tritt anzutreffen sind.

So umfasst ein ganzheitlich verstandenes Menschenbild neben einer somatischen Seite auch die von der Umwelt gegebenen Faktoren wie Kindheitseinflüsse, soziale Gegebenheiten oder gesellschaftliche und kulturelle Strukturen. Wie wir uns selbst, unsere Mitmenschen und die Welt beurteilen, hängt von all diesen Faktoren ab und kann bis zu einem gewissen Grad als veränderbar angeschaut werden. Besondere Aufmerksamkeit sollten wir den gemeinschaftsfördernden Persönlichkeitsmerkmalen zukommen lassen, die fast immer in der frühkindlichen Entwicklung zu kurz gekommen sind, jedoch durch Nachreifung einem Menschen mehr Sicherheit und Wohlempfinden vermitteln können. Die fehlgeleiteten, unzulänglichen, unselbstständig machenden und unsozialen Teilaspekte einer Persönlichkeitsstruktur müssen nicht zeitlebens unverändert bleiben. Unsere Identität, wer wir sind und wie wir wurden, beruht vor allem auf Fragen nach den determinierenden Einflüssen und eigenen Weichenstellungen. Wie entscheidend relevant sind Biologie, Psychologie, Soziologie, soziale, ökonomische, gesellschaftliche und geschichtliche Faktoren?

Im Bereich einer eingeschränkten Weltsicht treten fast immer Ängste zutage, deren Hintergründe zumeist im Dunkeln bleiben. Wenn Wettstreit und Rivalität das Klima bestimmen anstatt gegenseitige Hilfe und Wohlwollen, dann fühlen sich Menschen nicht mehr dazugehörig und von wirklicher Kultur, Bildung und sozialen Errungenschaften ausgeschlossen. Zudem bedeutet ein enormes Auseinanderklaffen sozialer und kultureller Faktoren in einer Gesellschaft keine Basis für Gemeinsamkeiten.

In einer offenen Gesellschaft stehen Bemühen um gleiche Rechte (égalité), Freiheit (liberté) und Individualität im Vordergrund. Sodann hängt das Wohlergehen aller ihrer Mitglieder wesentlich von den Werten ab, die eine Gesellschaft verfolgt. Machtstreben, Unterwürfigkeit, Eitelkeit, Misstrauen, Angst, Distanzhaltung, Neid und Eifersucht (nervöse Charakterhaltungen, die die Brücken zur Realität abbrechen) sind dabei auf der *unnützen Seite des Lebens* (A. Adler) angesiedelt. Fatalistische Einstellungen, die suggerieren, man habe keine Wahlmöglichkeit, führen zu widerstandslosen, gefügigen und untertänigen Haltungen. Die so oft geäusserte Meinung, Kriege habe es immer gegeben, das lasse sich nicht ändern, steht stellvertretend für diese oberflächliche Betrachtung der Weltprobleme und verrät einen zutiefst problematischen Umgang mit der Realität.

Welche Kriterien lassen uns nun wissen, was vernünftig und was unvernünftig ist? Alfred Adler ging davon aus, dass alle Einstellungen zum Selbst, zu den Mitmenschen und zur Welt einer Beurteilung unterzogen werden müssen, die uns Klarheit geben, ob sie gemeinschaftsfördernd sind, denn letztlich sei der Einbezug des Gemeinschaftlichen auch im Interesse eines jeden Einzelnen. Wir können nicht isoliert leben, wir sind angewiesen auf unsere Mitmenschen. Daher ist es ein Gebot der Vernunft, in diesem Sinne Lösungen für die Weltprobleme zu suchen. Leider sind wir weit davon entfernt, uns eine dem Gemeinwohl verträgliche Gesellschaftsordnung einzurichten. Gewalt, Krieg, Hunger, Ausbeutung und seelische Not begleiten immer noch den Alltag vieler Menschen.

Ein Psychologe, der wie kaum ein anderer den Brückenschlag zwischen Individuum und Gesellschaft in seiner Arbeit zur Grundlage seines Wirkens machte, war Friedrich Liebling (1893-1982), Begründer der Grossgruppenpsychotherapie und Leiter der „Zürcher Schule für Tiefenpsychologie“. Er begann schon früh, sich aufgrund der Kriegserlebnisse für eine freiheitliche Gesellschaft zu engagieren. Als Schüler Alfred Adlers entwickelte er dessen Individualpsychologie weiter und bezog vor allem gesellschaftliche Einsichten vermehrt in seine tiefenpsychologische Arbeit ein. Zuletzt war seine Schule eine Forschungs- und Bildungsstätte mit mehr als 3000 Teilnehmern in der Schweiz und im Ausland. Nach Gerda Fellay und ihrem Buch *Friedrich Liebling - Leben und Werk* unterscheidet Liebling als Konzept der „Weltanschauung" verschiedene Prämissen: „Ausgehend von der anthropologischen Prämisse der grossen Aufgaben, die das Leben an den Menschen stellt, unterstrich Friedrich Liebling, dass der Zugang des Menschen zu rationalen Erkenntnissen davon abhänge, ob er eine realistische Wahrnehmung erwerben könne oder ob er in einer ideologischen Perzeption von sich selbst, von den Mitmenschen oder von der Welt gefangen bleibt". (S.95)[6] Davon ausgehend sei das Wichtigste, sich dessen bewusst zu werden und zu erfühlen, dass der Mensch ein soziales Wesen sei, das keine Gewalt und Unterdrückung brauche, und mit dem man auskommen könne. Mystisches Denken bewirke im menschlichen Seelenleben Angst. Für Liebling war der „Nationalismus, der alle trennenden Ideologien enthält, wie Rassismus, elitäres Denken, Selektion – alles eine Konsequenz der Ungerechtigkeiten in Bildung, Ökonomie und Sozialleben, der Sicht von anderen als Feind – die wahre Ursache der Misere. Krieg wäre nicht möglich ohne den Nationalismus,"[7] wobei Nationalismus als Distanziertheit und Überlegenheitswahn gegenüber anderen Gruppierungen oder Nationen verstanden wird. Die Weltanschauung beeinflusse die Sicht vom Menschen, die Erziehung und alle interpersonalen Beziehungen, und Liebling sah in den psychologisch geführten Grossgruppen eine Chance, in der Gemeinschaft von Menschen zu lernen, sich mit dem anderen in Beziehung zu setzen. Die Gemeinschaft sei ein wichtiger Faktor der Genesung von Irritationen (Neurosen). Der Mensch müsse aufgeklärt und zu vernünftigen Überlegungen geführt werden. Diese Bildung sei in der Gruppe überaus wirksamer als in der Einzeltherapie. Therapie habe das Ziel, ein neues und auf dem Boden der Realität stehendes Lebensgefühl zu erlernen und einzuüben, sich als Gleicher unter Gleichen zu bewegen. Mitgefühl für andere stünde im Vordergrund aller Erkenntnisse, wenn es darum gehe, den Menschen verstehen zu wollen. Das Postulieren eines Aggressionstriebes hielt Liebling für abwegig und dumm, denn kein vernünftiger Mensch verlasse im Krieg freiwillig seine Liebste, seine Frau und seine Kinder, um irgendwo in der Welt wegen eines Aggressionstriebes Krieg zu führen. In der

[6] Fellay, Gerda: Friedrich Liebling - Leben und Werk (1994), Verlag Gegenseitige Hilfe. Sitten.
[7] Fellay, Gerda: Friedrich Liebling. Leben und Werk. (1997) Verlag Gegenseitige Hilfe. Sitten. S. 95.

Einzel- wie in der Gruppentherapie geht es nach Liebling stets um die Hilfeleistung in Form von Aufklärung unrealistischer Meinungen. Dazu gehöre in erster Linie die Vertrauensbildung. Das Selbst- und Menschenbild, welches durch Erziehung und Gesellschaft irritiert sei, solle eine Korrektur erfahren. Grundlage eines jeden Gesprächs stelle die freie Vereinbarung dar, ohne Einfluss von aussen und oben. Die wissenschaftliche Betrachtung solle den Gang der Gespräche bestimmen. Mystische Auffassungen oder staatlich verordnete Bestimmungen hätten bei der Erörterung menschlicher Probleme keinen Platz. Liebling bemängelte auch, dass die geläufige Tiefenpsychologie den Einfluss der Religionen auf die Entstehung der Ängste vernachlässigt habe. Die Idee einer übernatürlichen Autorität fördere das Oben-Unten-Denken und mache den Menschen abhängig von destruktiven und machtbesessenen Politikern. Liebling war von einem libertären Sozialismus beseelt, und er schätzte Autoren wie Pierre Joseph Proudhon, Max Stirner, Peter Kropotkin oder Erich Mühsam. In Alfred Adler sah Liebling einen Pionier der Tiefenpsychologie, der *seinem eigenen Leben Ziel und Richtung* gewiesen habe. Mit dem Werkzeug der Psychotherapie erschliesse sich ein Einblick in die Tiefe der menschlichen Seele als ein Produkt der Natur.

Die Gruppentherapie von Josef Rattner wird in seiner Berliner *Akademie für Verstehende Tiefenpsychologie und Kulturanalyse* als Spiegelbild der Welt verstanden. Rattner hält nichts von homogenen Gruppen, da jeder Neurotiker an ganz urmenschlichen Problemen erkrankt sei, die für alle Menschen zuträfen. Zudem habe sich gezeigt, dass das Gruppenlernen gegenüber dem individuellen Lernen gewaltige Vorteile bringe. Bei der Erörterung persönlicher Probleme in der Gruppe komme das Gemeinschaftsgefühl besser zum Tragen als in der Einzeltherapie. Die Teilnehmer einer Gruppe könnten Mitmenschlichkeit lernen, man sprenge die engen Grenzen der eigenen Persönlichkeit und habe teil am Bewusstsein vieler. Die Vielfalt von Gedanken, Einfällen und Gemütsbewegungen zeichne eine gut funktionierende Gruppe aus, und die soziale Angst werde durch die wohlwollenden Gruppenkontakte vermindert. Im Sinne von Alfred Adler sieht Rattner eine solche Gruppe als Beispiel für eine *wahrhaft humanistische Menschengemeinschaft*. In ihr finde man alles, was der Humanismus für die Zukunft erhoffe und erträume: gegenseitige Hilfe, Gleichwertigkeit, gewaltfreie Führung sowie ein Fortschreiten im Bewusstsein der Freiheit. Wenn der Heilungsvorgang durch Bildung unterstützt wird, hebt man das Kulturniveau eines Menschen, was sich auf die psychische Gesundheit günstig auswirkt. Rattner empfiehlt für die Zukunft des Therapiegeschehens, auch geistige Modelle für Krankheit und Heilung mit einzuschliessen:

„Jedermann weiss, dass physische und psychische Krankheiten sehr viele Opfer fordern und gründlich mit allen Mitteln bekämpft werden müssen. Aber wenige denken daran, dass Vernunftstörungen, Abwegigkeit und Pathologie des Geisteslebens noch viel üblere Wirkungen entfalten. Man denke an Vorurteile, aggressive Stimmungen und Störungen des Denkens, Fühlens und Handelns sowie an pathologische Weltanschauungen. Im 20. Jahrhundert haben bekanntlich derartige Geisteskrankheiten unsäglich viel Not und Elend über die Menschheit gebracht.“[8]

Alfred Adler, neben Sigmund Freud und C. G. Jung ein Pionier der Tiefenpsychologie, nimmt schon 1898 in seinem Frühwerk „Gesundheitsbuch für das Schneidergewerbe“ zu sozialen Problemen Stellung, indem er das unter besonders sozialen Missständen leidende Schneidergewerbe beschreibt. Als Arzt könne man nicht nur die körperlichen Leiden eines Patienten als Einzelwesen untersuchen, sondern man müsse ihn auch als Gesellschaftsprodukt sehen. Krankmachende Arbeitsbedingungen dürfe man nicht ausser Acht lassen, wenn man Volkskrankheiten bekämpfen wolle. Damit vertrat Adler eine sozialmedizinische Sichtweise. Den Blick auf die Gesellschaft zu unterlassen würde bedeuten, den Leidenden mit Medikamenten zu versorgen und ihn anschliessend wieder an den krank machenden Arbeitsplatz zurückzuschicken. Wenn wir in den Medien auch noch heute von Kinder- und Sklavenarbeit in einigen Ländern hören, geht kein Aufschrei durch die Welt. Wir haben gelernt zu schweigen und uns dem *Schicksal* zu beugen. Die unter unmenschlichen Bedingungen hergestellten billigen Kleider z.B. tragen wir dann in unserer *hochzivilisierten* Gesellschaft. Gleichzeitig befällt uns manchmal die Angst, diese verarmten und geschundenen Menschen könnten eines Tages von uns mehr Gerechtigkeit einfordern.

Das Ziel einer demokratischen Gesellschaft muss dahin gehen, Benachteiligungen aller Art und Unterdrückung zu erkennen und durch humanistische Werte, die zu gegenseitiger Hilfe und sozialen Beziehungen führen, zu ersetzen. Gemeinschaftssinn und Mitgefühl lassen sich jederzeit kultivieren, wenn mitmenschliche und demokratische Zielsetzungen in der Gesellschaft Fuss fassen. Freiheitliches Denken und ein gesundes Selbstwertgefühl sind Intentionen, die besonders in die Erziehung unsrer Kinder gehören, sie setzen jedoch die Erziehung des Erziehers voraus.

---

[8] Rattner J.: Ansprache zur Gründung der Akademie für verstehende Tiefenpsychologie und Kulturanalyse (April 2018)

Der Tiefenpsychologie kommt das ausserordentliche Verdienst zu, die individuellen sowie die kulturellen Zusammenhänge der Angst durch ihre Forschung erhellt zu haben. Besonders Alfred Adlers Aufruf zu mehr Gemeinschaftsgefühl und Menschlichkeit stellt eine Lebensaufgabe dar, die jeden von uns betrifft. Sein Appell lautete: „Wer die Gemeinschaft will, muss dem Streben nach Macht entsagen." Adler wies ebenfalls auf den Zusammenhang von Gemeinschaftsgefühl mit psychischer Gesundheit hin. Er erkannte bei den nervösen Störungen einen Mangel an Gemeinschaftsgefühl.

Almuth Bruder-Bezzel (ZfIP 3/2017) schreibt: „Die Weltkriege waren ein Versagen des Gemeinschaftsgefühls, der erste Weltkrieg war für Adler *das dämonische Werk der allgemein entfesselten Herrschsucht, die das unsterbliche Gemeinschaftsgefühl der Menschheit drosselt oder listig missbraucht.*" Das gilt auch heute: Der Hunger in der Welt, Armut, Arbeitslosigkeit, die Kriege, die Zerstörung der Erde und des Klimas, die Feindseligkeiten der Menschen untereinander, die Verbreitung körperlicher und psychischer Krankheiten etc. zeigen ein Versagen des Gemeinschaftsgefühls weltweit. Die Flüchtlingswelle mit den unheimlichen Zahlen an Toten und Verletzten, Traumatisierten und Entrechteten, ist eine der aktuellen Folgen." (S. 247)

In der Individualpsychologie von Alfred Adler werden alle *menschlichen* Werte der sozialen Natur des Menschen zugeordnet, und es ist von eminenter Bedeutung, diese den Kindern und Jugendlichen zu vermitteln, da sie gleichzeitig die Bedingung für eine ausgewogene und befriedigende Teilhabe an der Gemeinschaft sind. Adler hat sich bemüht, seine Utopie von der Solidarität unter den Menschen in der Pädagogik zu verankern, und er strebte eine offene Gemeinschaft an, die ein Miteinander ohne Benachteiligung und Gewalt kennt. Grundsätzlich gilt, dass die Angst nur dann gemildert werden kann, wenn das Gemeinschaftsgefühl oder die Solidarität unter den Menschen wächst.

Auch Künstler haben versucht, die Verworrenheit menschlicher Regungen zu zeigen, wenn es darum ging, einen Zusammenhang zwischen Individuum und Gemeinschaft herzustellen. Albrecht Dürer, 1471-1528, Maler, Graphiker, Mathematiker und Kunsttheoretiker, brachte in einer Darstellung „Die vier apokalyptischen Reiter" nach der Offenbarung des Lukas (Offb 6, 1-8 Lukas) den verwirrten Zustand unserer Gesellschaft zum Ausdruck:

„Und ich sah, und siehe, ein fahles Pferd. Und der darauf sass, dessen Name war: der Tod, und die Hölle folgte ihm nach. Und Ihnen ward Macht gegeben über den vierten Teil der Erde, zu töten mit Schwert und Hunger und Pest und durch die wilden Tiere auf Erden“.

Diese Darstellung ist eine der bedeutendsten Zeichnungen Albrecht Dürers. Die Menschen, die vergeblich vor Tod und Hölle zu fliehen versuchen, werden verschlungen oder getötet.

Die Angst vor Tod und Verderben haben besonders die Religionen zu nutzen gewusst, um die unwissenden Menschen an mystische Vorstellungen zu binden.

Massenphänomene der Angst ergreifen immer wieder Nationen, man denke nur an das 2003 in Hongkong entdeckte Vogelgrippevirus und die panische Angst vor einer Pandemie. Auf Anraten der WHO beschafften sich 50 Länder das Medikament Tamiflu, welches vor Ansteckung schützen sollte. Obwohl Zweifel an der Wirksamkeit dieses Medikaments aufgekommen waren, verschwanden diese Bedenken 2009 nicht, als in Mexiko das Schweinegrippevirus auftrat. Insgesamt verdiente Roche damit ca. 15,7 Milliarden Franken (TA 6.8.2016) für ein Präparat, welches die Symptome im Vergleich mit einem Placebo im Schnitt lediglich um einen halben Tag verkürzt (Cochrane 2009).

Die Angstanfälligkeit des Menschen zeigt sich immer wieder, oft in erschreckendem Ausmass und lässt die Gefahr von unbesonnenen Reaktionen steigen. Es vergeht kaum eine Woche ohne irgendeine Angstbezeugung grösseren Ausmasses. Die Angst vor Terror und vor Flüchtlingswellen steht im Moment im Fokus der Aufmerksamkeit. Die Gefahr, unsinnige Entscheide zu fällen, wächst mit der Panik. Aber auch kleinere Übel, wie z.B. die Ansteckungsgefahr vor Zecken, vor der wir uns gut schützen können, bekommen eine oft unrealistische Bedeutung, während die Angst, mit dem Auto einem tödlichen Unfall zu erliegen, bedeutend grösser ist, aber kaum wahrgenommen wird. Geradezu absurd erscheint es Aussenstehenden, als in den USA vor einigen Jahren besonders starker Schneefall angekündigt wurde, worauf die Menschen sämtliche Supermärkte leerkauften und Notvorräte anlegten. Tatsächlich fiel dann am folgenden Tag etwas Schnee vom Himmel, der den Boden nur dünn bedeckte.

Die Frage ist, wie wir uns vor Massenpanik schützen können. Nach der erwähnten Zeichnung von Albrecht Dürer wäre das eine Haltung, die es nicht zulässt, irgendjemandem Macht zuzubilligen, weder über Menschen noch über Teile der Erde.

Eine von Ängsten besetzte Person ist in ihrer Kreativität stark eingeschränkt, und ihr Potenzial an Beitragsleistung kann sich nicht voll entfalten. Das Wollen einer auf das Gemeinschaftswohl ausgerichteten Gesellschaft muss es sein, konformistische Haltungen zu erkennen und zu reduzieren. Die erzieherische Aufgabe, die am Anfang einer jeden freiheitlichen Entwicklung zu einer seelisch gesunden Persönlichkeit steht, kann nicht hoch genug eingeschätzt werden. Dazu bedarf es der Vermittlung von Werten, die dem Eigen- wie dem Gemeinwohl dienlich sind. Ellen Key vertrat um 1900 in ihrem Buch *Das Jahrhundert des Kindes* eine freie und auf Vernunft bedachte Erziehung, welche die ungehinderte Entfaltung der kindlichen Fähigkeiten im Auge hat. Gleichzeitig ist das ein Weg für ein möglichst angstfreies Zusammenleben. Aber wie sehen die Aussichten auf einen Fortschritt heute aus? Sigmund Freud nannte die ganze Menschheit neurotisch und sah in ihr einen möglichen Patienten der Zukunft. Josef Rattner antwortet auf die Frage nach der Heilung des „Patienten Menschheit" so:

> Es wäre gewiss sinnvoll, neue Schulhäuser zu bauen. Das Stiefkind Pädagogik, welchem die Politiker meistens zu wenig Aufmerksamkeit widmeten, verdient es, in den Mittelpunkt des Interesses gerückt zu werden. Alles was man für die Erziehung tut, ist für die Zukunft getan. Man hat immer wieder gefordert, einen Teil des Militärbudgets für pädagogische Zwecke abzuzweigen. Die massgeblichen Instanzen waren diesbezüglich meistens schwerhörig.
>
> Aber selbst mit schönsten Schulen ist es nicht getan. Es fehlen die Eltern und Lehrer, welche den neuen Geist der Erziehung würdig und kompetent repräsentieren können. Man muss gleichsam zu einer Wiederbele-

> bung von Erziehungsgläubigkeit kommen und Umstände schaffen, wo diese realisiert werden kann. Dieser Aufgabe nimmt sich kaum jemand an, und doch wäre sie ein Schlüsselphänomen zum kulturellen Aufschwung.[9]

Kultur bedeutet in diesem Sinne Aufklärung im weitesten Umfang und soll zu einem lebenslangen Bildungsanliegen eines jeden Menschen führen. Auf diese Weise könnten auch die unrealistischen Ängste, unter denen so viele Menschen leiden, gemildert werden. Auch das Menschenbild müsste eine Korrektur erfahren, denn solange der Mitmensch als Feind wahrgenommen wird (der Ausdruck einer jeden Neurose), kann die Angst nicht schwinden.

---

9 Rattner, Josef: Handbüchlein der seelisch-geistigen Gesundheit. Verlag für Tiefenpsychologie, Berlin 2011, S. 70

2. Die Angst des Lehrers

Die fast unlösbare Aufgabe besteht darin, weder von der Macht der anderen, noch von der eigenen Ohnmacht sich dumm machen zu lassen.

Theodor W. Adorno

Eine amerikanische Zeitschrift untersuchte vor einiger Zeit, was die Menschen in Bezug zu ihren Mitmenschen am meisten beschäftigt. An erster Stelle wurde genannt: *Wie werde ich von anderen eingeschätzt?*

Diese Frage steht zweifellos ebenso bei Lehrpersonen im Mittelpunkt, auch dann, wenn behauptet wird, *das lässt mich kalt, da hätte ich viel zu tun.* Wir Menschen sind nun mal auf Gemeinschaft mit anderen ausgerichtet, denn das entspricht unserer Natur. Dass bei der Auseinandersetzung der Lehrpersonen mit Schülern, Kollegen, Vorgesetzten und Eltern so manche Hürden zu bewältigen sind, liegt auf der Hand, und nicht selten können bei Unsicherheiten im Umgang mit anderen Ängste aufkommen.

Einige Autoren haben diese Angst, ob als negative oder als positive Erscheinung, versucht zu beschreiben (Ipfling 1974: *Verunsicherte Lehrer;* Weidenmann 1978: *Lehrerangst;* Brück 1978: *Die Angst des Lehrers vor seinen Schülern*).

Auch T. Katschnig hat 2002 eine empirische Untersuchung zur Lehrerbefindlichkeit veröffentlicht, die ein eindrückliches Bild über die Ursache von berufsbezogenen Ängsten zeichnet. Zielsetzung war, die berufsbezogene Belastung des lehrenden Berufstandes zu ermitteln. Dabei wurden Befindlichkeiten erfasst, die vor allem das Verhältnis zu den Schülern, Kollegen, Eltern und Vorgesetzten betrafen. Aus der Erhebung *Lehrer/in 2000* im Auftrag des BMUK und GÖD mit 149 779 Lehrern in Österreich stammen folgende Ergebnisse zu „negative Erwartungen des Lehrers“:

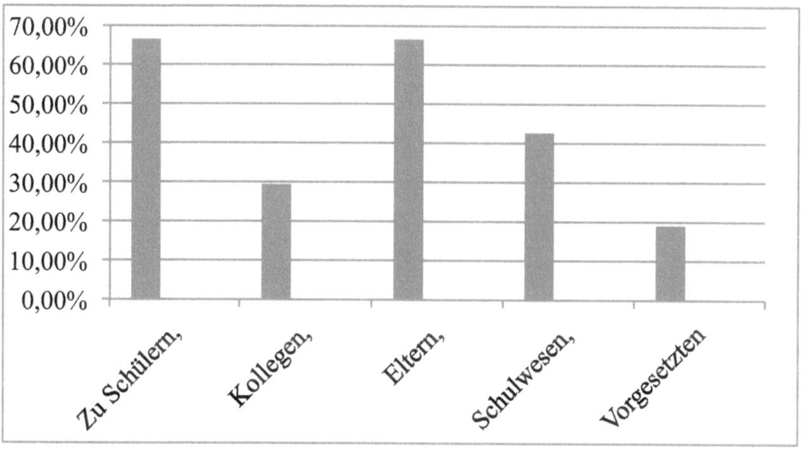

66,5% der Lehrer gaben an, nicht genug Handhabe zu besitzen, um mit schwierigen *Schülern* umzugehen. 29,4% hielten die gegenseitige Unterstützung im *Kollegium* für unbefriedigend. 66,5% der befragten Lehrer hatten das Gefühl, ihre Autorität schwinde bei den *Eltern* immer mehr. 42,6% bemerkten Resignation und Ermüdung im Laufe ihrer Berufsausübung (und 85,2% fürchteten zu viel Verrechtlichung im *Schulwesen*). 18,9% der Lehrer/innen fehlte die Unterstützung durch die Schulleitung.

Aus diesen Daten kann geschlossen werden, dass ein beachtliches Potenzial an Unsicherheit und Ängsten in den lehrenden Berufen vorhanden ist und die Arbeit behindern kann. Burn-out, Arbeitsklima, Angst, Image und emotionale Stabilität sind Bereiche, durch welche sich Lehrer in der Schule durchaus belastet fühlen (T. Katschnig). Dabei stellt die Studie fest, dass mit zunehmendem Lebensalter diese Belastungen steigen, und dass Frauen weit stärker betroffen sind als Männer.

Laut der obigen Umfrage, die auch durch andere Erhebungen gestützt wird (Seidel 1994; Fartacek 1987; Weidenmann 1989), kann sich die Angst eines Lehrers auf Schüler, Eltern, Kollegen oder auch Vorgesetzte beziehen. Viel wäre schon allein damit gewonnen, wenn Lehrer Gelegenheit hätten, ihre Kommunikation zu hinterfragen. So äussern wir uns zu den Anderen fast immer in Form von Diagnosen, wie Marshall B. Rosenberg[10], US-amerikanischer Psychologe, feststellt, anstatt auf die Bedürfnisse abzustellen. Zur Veranschaulichung

10 Rosenberg, Marshall B.: Gewaltfreie Kommunikation. Junfermann, Paderborn, 2007

soll die folgende Sequenz eines Gespräches zwischen Lehrer und Schüler beitragen. Rosenberg hat in seinen Schriften auf die gewaltfreie Kommunikation, die auf die Bedürfnisse zielt, eindrücklich hingewiesen:

Lehrer: Wenn du gelernt hättest, wäre deine Note in der Klassenarbeit besser ausgefallen. Aber du hast zu wenig Ehrgeiz und du bist bequem.

Das ist eine D i a g n o s e!

Schüler: Das stimmt nicht. Ich habe gelernt, aber die Fragen waren anders gestellt als die, die wir im Unterricht besprochen hatten.

Das ist die gegenteilige Diagnose!

Resultat: **V e r s t i m m u n g.**

Wenn das Gespräch die Bedürfnisse in den Mittelpunkt stellt, glätten sich die Wogen:

Lehrer: Du hast in der Klassenarbeit nicht so gut abgeschnitten. Was hättest du dir für eine Note gewünscht?

Der Lehrer formuliert ein Bedürfnis.

Schüler: Auf jeden Fall eine bessere.

Lehrer: Wie kannst du das erreichen und wie kann ich dir dabei helfen?

Wieder geht der Lehrer auf das Bedürfnis des Schülers ein.

Schüler: Ich werde das nächste Mal besser lernen und mehr Fragen im Unterricht stellen.

Resultat: **L ö s u n g.**

Bei der Auseinandersetzung mit anderen Menschen stehen also nicht immer Schwächegefühle im Mittelpunkt, sondern auch Kommunikationsprobleme und falsch verstandenes Autonomiestreben. Besonders die Situation vieler Anfänger im Lehrerberuf, deren Erfahrung gering ist, und die unter dem Druck der Bewährung stehen, stellt eine grosse Herausforderung dar, in pädagogischer wie in persönlicher Hinsicht. Andererseits kann eine jahrelange Praxis entmutigen, wenn sie nicht durch Persönlichkeitsbildung und mentale Unterstützung begleitet wird. Das Gefühl des Versagens liegt oft schwer auf dem Gemüt eines Pädagogen und stellt eine Angstquelle ersten Ranges dar. Bewältigungsstrategien, denen Fluchtmechanismen innewohnen, wie z. B. bei Alkohol,

Drogen, Zigaretten, Kaffee oder Medikamenten, führen nur immer tiefer in einen Kreis der Verwirrung. Die Kommunikation mit Kollegen und Freunden, mit Ehepartnern, Vorgesetzten oder Therapeuten wird infolge der Angst, das *Gesicht zu verlieren,* grösstenteils ausgeschlossen.

Man geniert sich und kann nicht zu den Vorkommnissen stehen. Kollegen werden aus dem gleichen Grund nicht zu Rate gezogen, wenn Probleme mit Schülern anstehen. Eine schwierige Situation wird nicht als Möglichkeit zum Lernen angesehen, sondern sie wird oft irrtümlich im Klima des Konkurrenzkampfes als persönliche Schwäche eingestuft, die man möglichst verheimlichen will.

Ob es um die Auseinandersetzung des Lehrers mit seinen Schülern, mit den Eltern, mit Kollegen oder Vorgesetzten geht, immer sind wir im Bereich der Kommunikation gefordert. Nun ist Kommunikation eine Kunstform, wie zum Beispiel die Malerei es ist. Wir bewundern gute Redner, die uns ein Objekt auf einfühlsame Weise näher bringen können. Im Austausch mit Schülern z. B. nützt es wenig, wenn wir einen Disput mit einem Schlachtfeld verwechseln, bei dem es nur einen Sieger geben kann. Wenn Kooperation und Verstehen-Wollen durch Abwehr und Prestigedenken behindert werden, entwickeln sich höchstens Beziehungsarten, die den Machtstrukturen heutiger gesellschaftlicher Verhältnisse entsprechen. Sie sind aber nicht dazu angetan, Probleme im gegenseitigen Einverständnis zu lösen.

Jeder Mensch, ob Lehrer oder Schüler, hat Vorzüge und Schwächen. Die Vorzüge werden meistens übersehen, aber auf ihnen kann man aufbauen. Es ist nicht sinnvoll, die Schwächen eines Menschen aufs Korn zu nehmen; aber leider steht eine ganze Erziehungstradition mit ihrer Entmutigungspraxis dafür. Wir fragen uns nicht, warum wir dabei keinen Erfolg haben. Meistens sind wir mit einer Diagnose zur Stelle: Uneinsichtigkeit, Unbelehrbarkeit, keinen Sinn für Logik, Stolz, Überheblichkeit, mangelnde Weitsicht oder gar Dummheit. All diese Argumente lassen Rückschlüsse auf den Interpreten zu, dem es nicht in den Sinn zu kommen scheint, die positive Seite seines Gegenübers verstärken zu wollen.

2.1. Weltanschauliche Orientierungen

Wir gehen davon aus, dass jeder Mensch durch seine Einstellungen zum Leben und seine Art, auf die Vorkommnisse des Lebens zu reagieren, einen Weg sucht, seine Selbstachtung zu erhöhen und Geltung bei den Mitmenschen zu erlangen. Adler nannte das die schöpferische Kraft, die in jedem Menschen angelegt ist und die zu individuellen Lösungen der zu bewältigenden Probleme führt. Der Charakter baut sich entsprechend der eigenen Wertvorstellungen auf. Wenn ein Kind z. B. einen autoritären Vater erlebt, der die Meinung der Mutter geringschätzt, kann der Bub dieser Eltern zum Schluss kommen, dass es im Leben erfolgreicher ist, wenn er die Art des Vaters wählt. Lehnt er aber den Vater ab und bekommt Angst, wählt er vielleicht die Haltung des Stillhaltens und übt eine schüchterne Haltung ein. Die Werte, die wir bei der expansiven Haltung erkennen können, sind gross sein zu wollen, zu expandieren, sich über andere zu stellen und Erfolg als Mittel von Macht und Geltung anzustreben. In solch einem Fall wird diese Charakterhaltung idealisiert, hingegen die Stillen seien fragil, schwach, sensibel, zimperlich etc., und nur der Starke könne im Leben bestehen. Diese falschen Wertvorstellungen trägt man dann mit sich überall herum.

Seit jeher haben Pädagogen gefordert, dass die Schule auch eine Erziehungsaufgabe hat. Demnach muss der Lehrende zunächst selber durchschauen lernen, wie seine Werte gelagert sind, um dann den Lernenden behilflich sein zu können. Die Einstellung zu den persönlichen wie zu den Weltproblemen sollte man nicht bei der zufällig erworbenen und zumeist einseitigen Gesinnung einfrieren lassen. Die geistige wie auch die psychische Entwicklung beinhaltet sowohl tiefenpsychologische, wie auch geschichtliche und philosophische Kenntnisse, die auch durch ein Selbststudium (Lesen) vervollkommnet werden kann. Dadurch sollen die vor allem mystischen und unrealistischen Haltungen korrigiert werden, die sich im Verlaufe der Reifung meist unbewusst eingeschlichen haben, und die zu einem festen Bestandteil unseres Charakters geworden sind.

Leider haben die wenigsten Menschen Mut zum Denken. Der ständige Druck der Erzieher lässt ihnen keinen Spielraum zu einer freien Erkundigung. Sie leben ihr Leben nach den armseligen Vorstellungen, die ihnen geboten wurden, und sie haben Angst, diese eingefahrenen Bahnen zu durchbrechen. Frei ist nur der, welcher verschiedene Standpunkte kennt und erst dann wirklich wählen kann. Der Religiöse soll z. B. auch den Standpunkt des Atheisten kennen, um sich entscheiden zu können, was für ihn infrage kommt. Bleibt man bei dem ungeprüft Übernommenen stehen, kann das nicht von grossem Wert sein. Gerade der junge Mensch braucht eine Anleitung, die ihm diese Überlegungen nahelegt, sodass sein ganzes Leben einen Sinn bekommt. Er soll sich wagen, zu immer neuen Horizonten aufzubrechen, ohne durch Furcht auf halbem Wege stecken zu bleiben. Wenn man das erreichen will, muss man in den Vollbesitz seiner Kräfte kommen, und man darf die Konfrontation nicht scheuen. Die weltanschauliche und wertorientierte Auseinandersetzung darf dabei nicht fehlen.

2.2. Fallstudie Frank

Ein Ausschnitt aus einer Gruppentherapiesitzung:

Frank: Ich bin in der letzten Zeit sehr nervös. Mich beschäftigt besonders meine Situation als Lehrer. Ich unterrichte in einer Mittelschule die erste Klasse. In der Einzeltherapie sagte man mir, ich solle weiterhin unterrichten, aber auch, ich solle Ordnung in meinen Charakter bringen. Meine Arbeit als Lehrer war bis heute mit grossen Ängsten verbunden. Angst machen mir vor allem die Autoritäten der Schulbehörde, und ich kann es mir im Moment nicht vorstellen, wie das weitergehen soll. Der Druck ist so gross, dass ich mich frage, ob ich den richtigen Beruf gewählt habe. Eine Alternative wäre ein weiteres Studium, aber da hat mein Therapeut abgewinkt. Diese Idee, wieder an die Uni zu gehen, hat mich zwar nicht wirklich erleichtert. Ich kenne ja meine Tendenz, auszuweichen und mich vor den Lebensaufgaben zu drücken. Diese Meinung haben auch meine Eltern von mir. Die Ängste überwinden zu lernen ist für mich ein Rätsel.

Gruppenmitglied G.: Kannst Du uns sagen, welchen Sinn Deine Ängste haben?

Frank: Soviel ich bis jetzt verstehe, will ich damit den Anforderungen ausweichen.

Gruppenmitglied K.: Welche Kindheitserinnerungen kommen Dir in den Sinn?

Frank: Als ich einmal in der Schule eine schlechte Note in Naturkunde erhielt, schüttelte mein Vater den Kopf und sagte, ich könne meinem älteren Bruder einfach nicht das Wasser reichen. Da war ich circa 9 Jahre alt. Mein Vater setzte bei solchen Gelegenheiten grossen Druck auf, denn er war der Überzeugung, dass sonst nichts aus uns Kindern wird. Ich glaube, er meinte es gut, aber ich war dann jedes Mal niedergedrückt. Was mir Angst machte, war, dass in solchen Momenten sein Gesicht rot anlief und der Zorn offensichtlich wurde. ein oft geäusserter Spruch lautete: *Was Hänschen nicht lernt, lernt Hans nimmermehr.* Meine Mutter hat sich der Meinung meines Vaters fast immer angeschlossen. Sie kommt aus einer gutbürgerlichen und wohlhabenden Familie und äusserte sich immer wieder herablassend zu Menschen, die *ihrem Stand* nicht entsprachen. Ob ein Mensch intelligent wird, das entscheidet sich ihrer Meinung nach schon vor der Geburt durch die Erbanlagen.

Therapeut: Was ist los in der Schule?

Frank: Meine Schüler sind oft sehr unruhig. Sie passen im Unterricht nicht genügend auf, wenn ich ihnen etwas erkläre. Ich weiss mir dann nicht zu helfen. Mein Berater in der Schule versucht, mir Tipps zu geben, wie ich das in den Griff bekommen könnte. Ich bin aber bei meiner Schulführung geblieben, ohne diese Ratschläge zu befolgen. Das hat den Berater verärgert, denn er merkte, dass ich den Rollladen herunterlasse, wenn er etwas vorschlägt. Ich empfinde seine Vorschläge als Vorwurf an mich, nicht genügen zu können. Ich denke dann: *Wenn er nur schon wieder gegangen wäre.* Ich kann mich einfach nicht darauf einlassen, mit ihm zusammenzuarbeiten und sage mir: *Mach es doch alleine, wenn du mich nicht akzeptierst.* Auch die Vorbereitung auf den Unterricht in seinem Sinne gelingt mir nicht.

Therapeut: Zunächst einmal das, ich habe beim Vorschlag zu einem weiteren Studium nicht abgewinkt, das stimmt nicht. Ich sage Ihnen ganz offen, das ist eine Spekulation. In *Ihrer* Schulsituation dürfen Sie nicht spekulieren. Wieso haben Sie nicht zurückgefragt, wie ich das meine mit ihrem Lehrerdasein oder mit einem weiteren Studium? Aber das kann man von Ihnen nicht verlangen, denn Sie sind noch nicht so weit, dass Sie sich in eine offene Auseinandersetzung einlassen können. Bedenken Sie, woher Sie kommen. Auch das ist Ihnen noch nicht bewusst. Sie wurden durch Ihre Erzieher derart irritiert, dass Sie heute ein falsches Bild vom Leben in sich tragen. Sie sind bei uns – in der Therapie und in der Schule – nicht *warm* geworden. Sie fühlen sich noch nicht zu Hause bei uns. Die Erziehung hat ergeben, dass Sie der Distanzierte sind, der Misstrauische. Wenn man z. B. mit Ihren Eltern spricht, bekommt man den Eindruck, dass ihnen das Verständnis für ihren Sohn fehlt - das ist ganz krass, ein eher seltener Fall. Das Vertrauen in den Mitmenschen konnten Sie in Ihrem Elternhaus nicht erwerben. Die Folge davon ist ebenso, dass Sie kein wirkliches Mitgefühl gegenüber Ihren Schülern entwickeln. Ihre Eltern haben Ihre Analyse bei uns immer wieder gestört, indem sie alles besser wussten; der Vater ist ja Jurist, und er glaubt, er kenne sich doch bestens in der Welt aus. Die Eltern sind der Meinung, ihr Sohn sei ein Versager, der nichts auf die Reihe bringe. Sie hätten das ja bewiesen, indem Sie bis jetzt allen Anforderungen ausgewichen sind. Mit diesem Angstgefühl der Unzulänglichkeit und des Versagens sind Sie zu uns in die Therapie gekommen und waren reserviert. Sie waren so verschroben, dass Sie nicht sehen konnten, wie unrecht Ihre Eltern haben. Ihr Gefühl gibt immer noch den Eltern darin Recht, Sie seien nicht in der Lage, sich den Lebensproblemen zu stellen. Die Angst vor dem Vater und vor der Mutter ist gross und umschattet alle Beziehungen. Sie müssen lernen, mit offenen Augen die Welt zu sehen. Sie waren so befangen, dass Sie nicht sehen konnten, dass Ihre Eltern nicht Recht haben, diese Sicht fehlt Ihnen bis heute. Es ist schrecklich, wie man heute noch Kinder erzieht und was eine unwissende Erziehung anrichtet. Wenn Sie vor den Menschen Angst haben, sollten Sie in der Therapie diese Ängste doch abbauen können. Wer macht Ihnen bei uns Angst? Hier ist doch niemand, der Ihnen böse will. Die Gefühle des Misstrauens kann jeder vollsinnige Mensch ablegen, indem er sich das vornimmt.

Frank: Ja, ich bin eigentlich gegenüber allen Menschen misstrauisch, auch bei meiner Partnerin. Da denke ich oft: *Was kommt jetzt schon wieder?*

Anmerkungen zur Fallstudie

Die Kombination von Einzel- und Gruppenpsychotherapie, wenn sie gekonnt durchgeführt wird, ist eine ideale Form der analytischen Arbeit. In der Beziehung zum Therapeuten kann der Analysand eine Vertrauensbeziehung aufbauen, die er dann in der Gruppe auf mehrere Personen übertragen kann. Zudem ist es in der sogenannt geschützten Gruppe möglich, gemeinschaftsfähige Beziehungen einzuüben und nervöse Störungen zum Verblassen zu bringen. Kinder wachsen gleichsam in eine Charakterhaltung hinein, die ihnen durch die familiäre Atmosphäre angeboten wird. Sie kennen dann nichts anderes als diese Art der Auseinandersetzung. Alle eingeübten Gefühle, Gedanken und Wertvorstellungen sind die Grundlage für die Verhaltensweisen im Leben. Wenn Angst immer wieder eine in Erscheinung tretende Reaktion auf Ereignisse ist, dann wurde diese Haltung in tausendfältigen Situationen vom Kind eingeübt. Der Analysand erweitert in der Therapie seinen Gefühlshorizont und damit seine Fähigkeit, Situationen im Leben richtiger einzuschätzen.

Bei Frank ist es die Angst vor der Autorität, die er durch die Erlebnisse mit seinem Vater verinnerlicht hat, und zwar von klein auf, in einer Zeit also, in der das Kleinkind noch nicht in der Lage ist, kritisch Meinungen zu hinterfragen. Es versteht sich von selbst, dass Menschen mit Schwächegefühlen keinerlei Missachtung verdienen. C. G. Jung definiert eine nervöse Störung durch das Misslingen der Ganzwerdung und der Integration, und Erich Fromm beschreibt in seinem Buch *Psychoanalyse und Ethik*, dass wir in der Therapie ethische Betrachtungen nie ausschliessen dürfen, da es hier immer um Werte geht.

Unsere Gefühle sind Organe, durch die wir Werte wahrnehmen und uns in Richtung auf sie in Bewegung setzen (Rattner 1993). Die Nervosität bei Frank in der Schule ergibt sich daraus, dass er die Situationen im Schulzimmer und die Begebenheiten mit seinem Berater nicht realistisch erfassen kann. Er lebt quasi in einer „unwahren“ Welt, was dadurch sichtbar wird, dass er sich selbst keinen Kredit gibt, eine Sache erfolgreich zu Ende zu führen; und er teilt damit unbewusst die Meinung seiner Eltern. Alfred Adler spricht hier vom *Lebensirrtum*. Frank verärgert seinen Berater durch die Ablehnung der Zusammenarbeit, weil er seine Eltern als die oberste Instanz in Fragen der Lebensgestaltung erblickt. Sie sind es, die angeblich den Überblick über das Geschehen in der Welt haben, und so auch über das, was ihnen in ihrer eingeengten Sicht für ihren Sohn als wahr erscheint. Die häusliche Situation war in Franks Kindheit durch elterliche Unkenntnis über die Bedürfnisse ihrer Kinder überschattet. Wenn die Eltern von Frank glaubten, ihre Kinder durch Druck fördern zu müssen, so wollten sie natürlich nur das Beste für sie. Auch die Meinung von der Vererbung des Charakters schleppten sie noch mit sich herum und konnten so Frank nicht verstehen und fördern. Die Fähigkeiten des Bruders sind für ihn nach Einschätzung des Vaters unerreichbar, und die Mutter vertritt den Glauben an die Vererbung des Charakters. Eine dynamische Einstellung zum Leben und zur Charakterentwicklung passt nicht in ihr Konzept, denn was Hans nicht lernt, kann er später nicht nachholen. Und das erklärt auch die Ablehnung der Psychotherapie durch die Eltern.

Der erste Schritt in Richtung einer Genesung ist die Vertrauensbasis zum Therapeuten. Wenn das gelingt, dann hat es der Ratsuchende nicht mehr nötig, sich hinter der Angst zu verstecken, und er kann seine Lebensaufgaben adäquat lösen. Unrealistische Angst ist das Symptom eines geringen Selbstwertgefühls. Das Grundproblem bei Frank ist seine irrige Einstellung zu sich, den Mitmenschen und zum Leben überhaupt.

2.3. Lehrer–Schüler

Lehrer: „Ich erinnere mich noch recht gut an meine ersten Gehversuche in der Schule und beim Unterrichten. Jede Bemerkung eines Schülers bezog ich auf mich und ich war dementsprechend verunsichert“.

Die Konfrontation mit einer grossen Gruppe von Schülern, denen der Lehrer ausgesetzt ist und der gerichtete Blick aller auf seine Person kann schon Anlass zu Unsicherheitsgefühlen geben. Fast immer kommen diese Ängste unbewusst daher. Sie überfallen uns gerade in dem Moment, wo wir einen guten Eindruck hinterlassen wollen. Das ungute Gefühl des Sich-stellen-Müssens in einer Umgebung, die vom Lehrer Vorbildfunktion verlangt, kann sich in einem Umfang einschleichen, welches die Frage aufkommen lässt, ob es nicht viel besser wäre, einen Job in einem Büro zu haben. Nur selten sagt uns das Bewusstsein, dass im Hintergrund eine Angst, abgelehnt zu werden, im Spiel ist, dessen Ursache weit in die Kindheit zurückreicht. Eine entspannte Atmosphäre kann so nicht entstehen. Immer wenn das Gefühl Platz ergreift, von den Schülern abgelehnt zu werden, ist das gemeinsame Lernen gefährdet. Eindrücke, die wir spontan aufnehmen, werden später leider nur selten überprüft und können eine realistische Einschätzung erschweren.

Was sind aber Gefühle? Adler sagt, „Gefühle liefern sozusagen den Brennstoff, den Dampf für unser Handeln". Das Verhältnis des Individuums zu den Mitmenschen und zu den Weltproblemen wird durch die Meinung bestimmt. Gefühle lassen eine *Zielgerichtetheit* erkennen, die einheitlich mit jeder anderen seelischen Bewegung einhergeht. Rattner (1999) schreibt: „Hätten wir keine Gefühle und wären wir nur Ratio, dann würden wir relativ unbeteiligt die Welt betrachten und beurteilen. Handeln könnten wir in ihr in keiner Weise. Da wir aber Gefühle haben, werden wir dazu gedrängt, die Welt in uns hineinzunehmen und uns ihr hinzugeben." Gefühle beziehen sich stets auf Werte. „Tatsachen nimmt man mit Sinnesorganen auf. Werte hingegen ‚sieht' man nur mit den Gefühlen." (Rattner 1999)

Nach Scheler und Hartmann ist es die *Liebe,* die den Menschen Werte erkennen lässt, dass Gefühle sogar der Wahrnehmung des Menschen vorausgehen. Diese Annahme ist richtig, wenn wir etwa als Beispiel einen Lehrer betrachten, der sich vor dem Eintreten in seine Klasse überlegt, was für Schwierigkeiten auf ihn zukommen können. So erkennen wir, dass Gefühle den Kern der menschlichen Persönlichkeit darstellen.

Je nach den Erlebnissen, die wir im Verlaufe unserer Einübungsphase in frühester Kindheit machten, kann die Wahrnehmung verschieden ausfallen, die nach dem ersten Reflex unser Bild vom Schüler prägt. Wiederholt gemachte Erfahrungen in der Kindheit haben in unserem Gemüt Überzeugungen und Meinungen ergeben, die alle neuen Erlebnisse später in diesem Kontext widerspiegeln. Dazu einige Beispiele.

Eine Lehrerin kam nach einer ersten Lektion mit einer neuen Klasse aufgewühlt ins Lehrerzimmer. Sie berichtete, sie habe den Eindruck, diese Klasse bekomme sie nicht in den Griff. Die Frage, was denn vorgefallen sei, beantwortete sie so: Ein Schüler (im Alter von 16 Jahren) habe sie gefragt, ob sie Mathematik studiert habe. Sie habe dann geantwortet, sie sei Physikerin, kenne sich aber in der Mathematik gut aus. Ein anderer habe aber Zweifel geäussert und diesen damit begründet, dass der vorhergehende Lehrer oft nicht imstande gewesen sei, einen Sachverhalt zu erklären. Sie habe den Eindruck gewonnen, die Klasse sei ihr mit grossem Misstrauen begegnet.

Auch hier gewinnt man den Eindruck, dass der Erlebnisgehalt und damit die Gefühlsebene die kognitive Ebene bestimmt, ohne die Situation genügend reflektieren zu können. Eigene Wahrnehmungen und deren Folgen werden auf diese Weise vielfach nicht bewusst hinterfragt. Wir gehen davon aus, dass Bewusstseinsprozesse, die als erworben anzusehen sind, auch als überprüfbar gelten (z. B. in einer Supervision).

Verunsicherungen in der Beziehung als Resultat von Gefühlseindrücken aus frühen Kindheitsjahren haben stets Auswirkungen auf alle späteren zwischenmenschlichen Beziehungen. Lehrpersonen, die in ständiger Auseinandersetzung mit ihren Schülern zu Stellungnahmen vielfältigster Art gehalten sind, sollten die Gelegenheit zur Reflexion und Bewusstseinsbildung haben, um eigene Persönlichkeitsmerkmale und deren Auswirkung auf das Aufeinander-bezogen-Sein erkennen zu lernen.

Der Neurobiologe Gerald Hüther schreibt dazu: „Die Mehrzahl unserer Reaktionen und Handlungsabläufe sind durch unbewusste Prozesse gesteuert und alle lebensnotwendigen Funktionen unseres Körpers laufen normalerweise unbewusst ab. Auch die Stimmungen und Ängste entstehen oft unbewusst. Viele Eindrücke verarbeiten und bewerten wir ebenfalls völlig unbewusst, selbst Lernprozesse können gänzlich unbewusst ablaufen."[11]

Dass die Kommunikation durch eigene Schwächegefühle auch beeinträchtigt werden kann, muss nicht weiter erklärt werden. So manche Verwicklung in der Auseinandersetzung zwischen Lehrer und Schülern kann mit kühlem Verstand und Humor gelöst werden, wenn der Blick nicht durch ungünstige Erlebnisse verstellt ist.

Ein weiteres Beispiel soll diesen Zusammenhang transparent machen. Ein Lehrer einer Berufsschulklasse schilderte seine Bedenken und Ängste gegen-

[11] Hüther, Gerald: Mit Freude lernen. (2016) Vandenhoeck & Ruprecht, Göttingen, S. 182

über seinen Schülern: Er bereite sich jeweils gewissenhaft auf seinen Unterricht vor. Dabei würden ihn bereits Ängste überfallen, ob diese Vorbereitung genügen wird, um alle etwaigen Fragen der Schüler abzudecken. Er brauche dann viel Zeit für die Vorbereitung und habe doch nicht das Gefühl, genug getan zu haben. Wenn dann Schüler im Unterricht Fragen an ihn stellen würden, überfalle ihn ein Unsicherheitsgefühl. Er versuche dann zu antworten, wiederhole sich aber, und die Gefahr, sich zu verzetteln, sei gross. Seine Schüler würden oft ungehalten reagieren, was ihn dann verleiten würde, die Auseinandersetzung abzubrechen. Auf die Frage, ob er sich an ähnliche Situationen in seiner Kindheit erinnern könne, gab er an, dass sein Vater im Umgang mit ihm streng gewesen sei und seine Erfolge in der Schule stets mit einem Hinweis begleitete, wie er sich noch verbessern könne. Sein Spruch: „Wer glaubt, es sei genug getan, der bleibt stehen!" schalle ihm bis heute in den Ohren.

Der unsichere Lehrer unternimmt grosse Anstrengungen, um vor anderen einen guten Eindruck zu hinterlassen. Dieser Gedanke, wie er auf andere wirkt, was er tun kann, um gut abzuschneiden, das Ringen um die Gunst und Bejahung, lässt ihn nicht froh werden. Bei dieser Selbstbetrachtung und Selbstbezogenheit fällt es schwer, den Schüler ins Auge zu fassen und dessen Bedürfnisse wahrzunehmen. Das ständige Bemühen um Anerkennung lässt kaum Spielraum für eine Beziehung. Gleichzeitig gerät man mit dieser narzisstischen Tendenz in eine beträchtliche Abhängigkeit von anderen Menschen. Wenn aber die Unsicherheit verstärkt auftritt, indem ein Mensch den Glauben daran verliert, einen gangbaren und würdigen Weg zu den anderen zu finden, dann bleiben letztlich nur Rückzug und Distanz. Die Empfindlichkeit wächst und bei geringstem Verdacht einer vermeintlichen Missbilligung seiner Person stellt sich ein Gefühl des Gekränkt-Seins ein.

Eine andere Facette dieser Gefühlskonstellation kann zu einem Anspruch nach Macht und dem Wunsch nach einer Sonderstellung unter den Menschen führen. Das Streben nach einer Mittelpunktstellung, bei der er der Anerkennung anderer gewiss sein kann, wird nicht selten mit grosser Energie und einigem Engagement betrieben. Die Sicherung zur Überwindung des Minderwertigkeitsgefühls wird auf diese Weise in Szene gesetzt, denn es fällt schwer, den Gefühlen der Unzulänglichkeit auf längere Zeit ausgesetzt zu sein. Solche Menschen wirken eher distanziert, kühl und unpersönlich; sie können aus einem umgänglichen Miteinander scheinbar ohne Grund in eine ablehnende Haltung verfallen, die verletzend wirkt.

Eine Lehrerin schildert ihre Unsicherheitsgefühle im Umgang mit ihren Schülern und sieht die Ursache in den überhöhten Ansprüchen ihrer Mutter, die sie nicht immer erfüllen konnte. Der ältere Bruder wurde ihr dann als Vorbild empfohlen. Sie schildert eine Begebenheit, bei der sie durch Ungeschicklichkeit eine teure Vase umstiess, die am Boden zerbrach. Die Mutter rügte sie mit der Bemerkung, sie sei immer so ungeschickt, das passiere ihrem Bruder nie.

Kindheitserinnerungen, die in unserem Gedächtnis haften bleiben, haben im späteren Leben eine Bedeutung, denn sonst würden sie vergessen. Wir können davon ausgehen, dass die Mutter nur das Beste für ihre Tochter wollte, die Auswirkungen waren jedoch andere, wie wir sehen können.

Um zu einer realistischen Einschätzung von einer Klasse zu kommen, ist es sinnvoll, sich darüber Gedanken zu machen, wie diese in Bezug zum Arbeitsverhalten, zur Mitarbeit oder Verweigerung und in der Beziehung agiert. Dabei ist es von Bedeutung, sowohl die Identität des Einzelnen als auch seine Rolle in der Klassengemeinschaft zu erfassen.

a) Welche Schüler arbeiten mit und lernen?

b) Welche Schüler stören und aus welchem Grund?

Wollen sie sich hervortun oder mithelfen? Wer ist der Anführer und wer sind die Mitläufer?

c) Welche Schüler sind passiv oder ambivalent in Bezug zu störenden Schülern?

d) Wie steht es mit den Leistungen dieser Schüler?

e) Zu welchen Schülern habe ich einen leichten Zugang, zu welchen gelingt es mir kaum, eine Beziehung herzustellen, und welche Schüler fallen bei mir durch das Netz der Aufmerksamkeit?

Daraus können einige Einsichten in Bezug zu den Interaktionen gewonnen werden. Meistens schaut die Lehrperson wie gebannt auf den Störer in der Erwartung eines neuen Vorfalls. Man sollte sich aber besser auf die Schüler konzentrieren, die mitmachen. Das hat auch Signalwirkung, wenn man sich an positiv eingestellte Schüler hält. Das heisst nicht, dass der Lehrer die Störung übergehen soll. Aber auf das *wie* kommt es an. Sicher ist es erforderlich, die guten Seiten eines störenden Schülers, die jeder auch hat, herauszufinden, um da ansetzen zu können. Bei der Konzentration auf Störer werden oft die ruhigen Schüler vernachlässigt. Es ist auch von Bedeutung, sich als Lehrer zu fragen, warum man gerade bei gewissen Schülern den Zugang weniger gut findet und bei anderen besser. Fast immer spielen dabei Erlebnisse mit, die weniger mit dem Schüler zu tun haben, als vielmehr mit oft weiter zurückliegenden eigenen Erfahrungen, aber auch Vorurteile können eine reale Sicht vernebeln.

Eine Störung kann darin bestehen, dass ein Schüler die gestellte Aufgabe zu spät oder gar nicht erledigt. Jeder Lehrer kennt diese Situation.

Eine Klasse bekam den Auftrag, eine schriftliche Arbeit zu Umweltproblemen zu verfassen. Die Zeitdauer war auf fünf Wochen festgesetzt. Trotz zweimaliger Möglichkeiten, Fragen dazu zu besprechen, konnte ein Schüler die Arbeit nicht fristgerecht abliefern. Man könnte jetzt nach dem Grund der Verspätung fragen und würde irgendeine plausible oder weniger stichhaltige Antwort bekommen. Es bleibt aber der Tatbestand, dass die Arbeit nicht zum gesetzten Termin vorliegt.

Im Leben einiger Menschen ist gerade dieses Verhalten auffällig. Sie schaffen es nicht, ihre Angelegenheiten so zu regeln, dass sie die Zusammenarbeit mit anderen nicht stören. Sie vergessen Termine, halten sich nicht an vorgegebene Abmachungen und haben immer Ausreden parat. Manchmal sagen sie auch, dass das ihr Charakter sei, der sich nun mal nicht ändern lasse. Sie haben es aufgegeben, eine Schwäche in der gemeinschaftlichen Arbeit zu überwinden.

In der Schule sollte versucht werden, dieser Einstellung so zu begegnen, dass dem Schüler daraus ein Gewinn erwächst und er seine Haltung ändern und seine Verantwortung wahrnehmen kann. Strafen werden kaum als sinnvoll angesehen und empfunden. Es muss jedoch klar zum Ausdruck kommen, dass der Lehrer dem säumigen Schüler zutraut, seine Arbeit zu bewältigen. Die Hilfe kann darin bestehen, ihm dabei den Weg zu zeigen, ihn zu ermutigen, denn der zumeist Verwöhnte hat wenig Zutrauen zu seinen eigenen Fähigkeiten. Zunächst muss klar erkennbar sein, wo die Schwierigkeiten liegen: sind sie fachlicher Natur oder bestehen charakterliche Hindernisse? Bei Ersteren sollte fachliche Hilfe geleistet werden, bei Verhaltensproblemen ist eine klare Regelung vonnöten, die darin bestehen kann, für jeden weiteren Verzugstag von der Endnote z. B. 0,25 Punkte abzuziehen. Die Konsequenzen müssen klar einsehbar sein. Der Nachlässige ist es nicht gewöhnt, für seine Verzögerungen gerade zu stehen, da ihm meistens andere, z. B. die Mutter oder der Vater, aus der Patsche geholfen haben. Wichtig ist, dass die Lehrperson freundlich und fest in ihrem Auftreten ist. Zumeist sind wir nur fest und nicht freundlich.

Letzteres Beispiel soll aber nicht so sehr als Ratschlag gesehen werden, sondern vielmehr als Überlegung zu einer Schülerschwierigkeit. Da jeder Fall immer etwas anders liegt, muss er stets individuell abgeklärt werden. Persönlichkeit kann sich nur entwickeln, wenn günstige Bedingungen und Freiräume beim Heranwachsen des Kindes und später beim Jugendlichen bestehen. Ein Lehrer kann günstige Bedingungen schaffen, Voraussetzung dafür ist vor allem das Einfühlungsvermögen in den Schüler und in die Situation. Weder Strafen noch Verwöhnung sind geeignete Mittel, um eine vorteilhafte Beeinflussung zum Nutzen einer Schülerpersönlichkeit zu erreichen. Die „Logik des Zusammenlebens“ und der „Gemeinschaftssinn“ (Alfred Adler) müssen als Massstab für Interventionen gelten, störendes Verhalten wirkt diesen zwei Grundannahmen entgegen.

Oft wird von Erziehern die Meinung vertreten, der Mensch könne sich frei zu einer Sache entscheiden, er müsse nur wollen. Wenn aber z. B. jemand Angst empfindet, den Sprung vom Fünfmetersprungbrett ins Wasser zu wagen, wird er sich kaum dazu überreden lassen. In der Schule gibt es genügend Situationen, die einen Schüler veranlassen können, einer Sache auszuweichen. Da ist es denn die Kunst des Pädagogen, den ängstlichen Schüler zu verleiten, sich einer Sache zu stellen. Frei entscheiden kann man sich nur bei weitgehender Angstfreiheit und wenn Vorurteile keine grosse Rolle spielen. Alle „du musst“, „du sollst“ und „du kannst doch“ etc. gehören in die Mottenkiste. Trotzdem ist diese Argumentation mit der freien Willensentscheidung sowohl bei Schülern als auch bei Lehrpersonen sehr verbreitet. Sie vernachlässigt die dahinterliegende Haltung des mangelnden Selbstwertgefühls, welches ursprünglicher ist als alle der Vernunft zugeordneten Überlegungen.

Ein Lehrer berichtet von der Unruhe in seiner Klasse: „Es gelingt mir nur selten, den Lärmpegel auf ein vernünftiges Mass zu reduzieren. Seit einiger Zeit habe ich ungute Gefühle, wenn ich mich morgens auf den Weg mache, zur Schule zu gehen. Schon zu Anfang der Lektion kommt es vor, dass ich schimpfe, wenn Schüler es an Aufmerksamkeit fehlen lassen. Bisher hatte ich aber nur wenig Erfolg mit dieser Methode. In letzter Zeit häufen sich auch die nervösen Beschwerden und diffuse Angstzustände bei mir, ich befürchte, den Überblick über die Klasse zu verlieren. Manchmal komme ich in eine Stimmung des Verloren-Seins hinein, die mich daran zweifeln lässt, dass ich der Sache noch Herr werden kann.“

Wenn uns solche oder ähnliche Gefühle überfallen, dann erfassen sie uns meistens in unserer ganzen Person. Wir leiden dann unter Umständen an Appetitlosigkeit, verlieren die Lust und das Interesse an sonst geliebten Dingen; alle Lebensbereiche scheinen betroffen zu sein.

Es ist sinnvoll, sich über den Zweck und das Ziel der zumeist irrationalen Ängste Gedanken zu machen. Sie sagen etwas aus über den Lebensstil oder Lebensplan eines Menschen, der laut der Individualpsychologie Adlers eine Ausrichtung auf ein Ziel hin erkennen lässt.

Ausdrucksbewegung, Handlung, Affekt, Physiognomie und alle anderen seelischen Phänomene, die krankhaften inbegriffen, sind ein Gleichnis des unbewusst gesetzten und wirkenden Lebensplans (Alfred Adler).

Alle Handlungen, die wir begehen, sind an einen Zweck und an ein Ziel gebunden. Man macht nichts, ohne zu glauben, dass der eingeschlagene Weg zum Erfolg führen wird.

Ein weiteres Beispiel ist der aufmüpfige und trotzige Schüler, der einem Lehrer Mühe bereiten kann. Wenn ein Kind in jungen Jahren gelernt hat, sich mit Schreien und Stampfen Gehör zu verschaffen und dabei Erfolg hat, dann liegt der Schluss nahe, auch weiterhin so zu einem Ziel zu kommen. Diese eingeübte Haltung nennen wir Charakter. Er ist nicht angeboren, sondern erlernt. Die herkömmliche Erziehung versuchte bislang, den Willen des Kindes zu brechen und erzog damit untertänige und gehorsame Menschen, die gelernt hatten, sich dem Willen anderer zu beugen. Das rebellische Kind, welches seinen Willen durchzusetzen versucht, sollten wir fragen, was es denn eigentlich will. Erwachsene und Erzieher tun gut daran, mit dem Kind gemeinsam einen gangbaren Weg zu suchen. Das entspräche dann einer Anleitung zu einem mündigen und demokratisch gesinnten Mitglied einer freien Gesellschaft, in der die Vernunft und die gegenseitige Achtung zu Hause sind.

Es erfordert Mut, sich jeweils neu zu orientieren, wenn wir als Pädagogen mit unserer Einstellung eine Situation nicht lösen können. Auch so mancher kulturelle Einfluss mag uns hindern, einen gangbaren Weg zu suchen. Was im Mittelalter alles geglaubt wurde, und was sich davon in unsere Zeit hinübergeschmuggelt hat – die Menschen litten z. B. unter Höllenängsten – das sitzt zum Teil heute noch in unserem Gemüt. Die Überprüfung des eigenen Menschenbildes setzt einen Bewusstseinsprozess in Gang, der die Angst mildert.

Nach Klaus Grawe ist Psychotherapie und psychologische Beratung „ein institutionalisierter Rahmen dafür, die Aufmerksamkeit auf sich selbst zurückzuwenden, auf das, was man tut, wie man es tut und warum man es tut. Aus der Aufmerksamkeit für etwas, das bisher nicht Gegenstand der Aufmerksamkeit war, entsteht neues Bewusstsein."[12] Bei der Problemanalyse lerne man, sein eigenes Erleben und Verhalten unter neuen Gesichtspunkten zu betrachten. Man gewinnt beim Bemühen, sein Verhalten zu ändern, neue Einsichten über sich selbst.

Ratschläge können diesen Prozess nicht anschieben. Dem Wunsch des Lehrers, seine Schüler besser führen zu können, steht die unbewusste Angst vor Kontrollverlust gegenüber, und die muss als solche erkannt und behoben werden. Die Erkenntnis, dass der Mensch immer ganzheitlich gesehen werden muss, führt dazu, eine Gefühlshaltung nicht isoliert und nur auf eine Situation bezogen zu sehen, sie betrifft den ganzen Bereich des Empfindens. Unsicherheiten im Umgang mit Schülern können dann auch in allen anderen Beziehungen festgestellt werden, auch dann, wenn sie nur an einem Ort als besonders gravierend empfunden werden. Die in der Kindheit eingeübten Reaktionsmuster sind in späteren Jahren Bestandteil des Charakters oder Lebensstils. Ängste, die diffus oder konkret in gewissen Situationen in Erscheinung treten und dem Anlass entsprechend unrealistisch sind, haben lebensgeschichtliche Hintergründe.

Ein Schüler kommt in die Schule, um etwas zu lernen. Wenn er stört und den Hanswurst spielt anstatt wie die anderen zu lernen, dann ist er der vernachlässigte und in seiner Entwicklung gehemmte Mensch. Wenn ein Lehrer in einer solchen Situation Angst entwickelt, mit dem Schüler das Gespräch zu führen, hilft er diesem nicht. Schon eher wäre Mitleid anstatt Angst für den armen Buben, für das arme Mädchen am Platze und die Bereitschaft, einem solchen verunglückten Kind oder Jugendlichen zu helfen, den Anschluss ans Leben zu finden.

2.4. Lehrer–Kollegen

Bei der Befragung von Lehrern[13] zu der Beziehung zu ihren Kollegen ergab sich ein ambivalentes Bild. Einerseits möchten sie ein gutes Verhältnis pflegen, und von daher wurden viele Fragen positiv beantwortet, und andererseits fielen die Antworten zu 19.4% sehr negativ aus; die Arbeitsumgebung wurde als deprimierend empfunden. 11% der befragten Lehrer gaben an, dass an ihrer Schule

[12] Grawe, Klaus: Psychologische Therapie. (1998) Hogrefe-Verlag, Göttingen, S. 78

[13] BMUK (Bundesministerium für Bildung, Wissenschaft und Kultur) und GÖD (Gewerkschaft öffentlicher Dienst), Sept. 2000, Österreich

Mobbing betrieben würde, und 12% fürchten, durch zu viel Engagement Probleme mit Kollegen zu bekommen.

Diese Auswertung muss zu denken geben. An einigen Schulen werden zwar Anstrengungen unternommen, die Zusammenarbeit unter den Schülern und das *selflearning* zu fördern, die Zusammenarbeit unter den Kollegen zeigt aber demgegenüber ein brüchiges Bild. Eine Verbesserung im Zusammenhalt und in der Zusammenarbeit der Lehrer kann nur bewerkstelligt werden, wenn Konkurrenzdenken, Eifersucht und Machtstreben wegfallen. Das Bewusstsein muss reifen, dass man ein gemeinsames Ziel verfolgt, nämlich Schüler fördern zu wollen. Dass das eine recht schwierige Aufgabe ist, wird nicht bestritten. Es braucht dazu grosse Bemühungen von allen Seiten. Manchmal gelingt es nur *einem* Lehrer, einen Schüler zu beeindrucken, und dann sollten sich die anderen freuen. In alten Kulturen war bekannt, dass es zur Erziehung eines Kindes ein ganzes Dorf braucht. Unseres Erachtens stehen gewisse Charakterhaltungen im Brennpunkt der Beziehungen unter Lehrpersonen, wenn es um die Störfaktoren in der Zusammenarbeit geht. Dazu zitieren wir *Fritz Riemann*, der die Unsicherheit einer Person im Umgang mit anderen in den Vordergrund stellt:[14]

Durch seinen lockeren Kontakt zur mitmenschlichen Welt fehlt ihm die Orientierungsmöglichkeit in ihr, und so schwankt er in der Beurteilung seiner Erlebnisse und Eindrücke zwischen dem Zweifel, ob er sie als Wirklichkeit hinaus verlegen kann, oder ob sie nur seine „Einbildung“ sind, nur seiner Innenwelt angehören: Blickt mich der andere wirklich spöttisch an oder bilde ich mir das nur ein? War der Chef (oder der Kollege) heute wirklich besonders kühl mir gegenüber, hat er etwas gegen mich, war er anders als sonst – oder meine ich das nur? Habe ich etwas Auffälliges an mir, stimmt etwas nicht an mir, oder täusche ich mich, dass mich die Leute so komisch ansehen?

Riemann führt aus, dass diese Unsicherheit alle Schweregrade annehmen kann. Vielfach ist uns nicht bewusst, dass die eigene Genese uns dabei in die Quere kommen kann, und dass das eigene Empfinden auch schon mal eine Wahrnehmungstäuschung ist. Nicht selten ist das, was wir als die Wirklichkeit zu erkennen glauben, eine Projektion unserer inneren Gefühlswelt. Misstrauisch verfolgt man jede Regung des Gegenübers und ist nicht in der Lage, eine konstruktive Beziehung herzustellen. Als Gegenmittel sollte man sich die Worte übers Bett hängen: „Ich muss keine Angst vor anderen Menschen haben, sie sind harmlos.“

[14] Riemann, F.: Grundformen der Angst. 1961/1992. Reinhardt; München, S. 22

Eine Lehrerin, die seit kurzem Fremdsprachen in einer Oberstufe lehrt, wird immer häufiger von depressiven Verstimmungen überfallen. Zunächst kann sie sich kein Bild davon machen, was der Grund dafür sein könnte. Alles in ihrem Leben scheint gut geregelt zu sein. In Verlaufe eines Gespräches wird sichtbar, dass sie sich durch das Verhalten eines älteren Kollegen verunsichert fühlt. Als sie ihm gegenüber einmal äusserte, sie sei unsicher, ob sie den Schülern den Lernstoff richtig vermittle, entgegnete der, sie müsse halt ihre Vorbereitungen sorgfältig erledigen. Seit diesem Vorfall empfindet sie ihm gegenüber eine Abneigung, die dazu geführt hat, jedes seiner Worte zu prüfen und nach Vorwürfen zu untersuchen.

Vielfach werden solche äusseren Gründe für die Arbeitsschwierigkeiten und Verstimmungen verantwortlich gemacht. Das ist in einem gewissen Sinne dann nachvollziehbar, wenn jemand in seinem Arbeitsfeld auf markante Hindernisse stösst und sich betroffen fühlt. Eine primäre Arbeitsstörung liegt dann vor, wenn die äussere Situation keinen Anlass zu einer depressiven Verstimmung bietet. Im oben geschilderten Beispiel war der Kollege nicht beleidigend und abwertend in Erscheinung getreten. Aber auch wenn das der Fall gewesen wäre: Wir müssen im Leben mit Situationen fertig werden, die nicht immer angenehm sind, und meistens schafft man das auch. Unsere Lehrerin, noch am Anfang ihres Berufslebens, fühlte sich betroffen und stellte sich infrage. Auch hier stossen wir auf das Geworden-Sein, wenn wir vernehmen, dass ihr ein für sie markantes Erlebnis in Erinnerung geblieben ist: Sie fragte ihre Mutter einmal, ob sie hübsch sei. Die Mutter hatte geantwortet, darauf komme es nicht an, Hauptsache, sie sei sauber. Die junge Frau deutete diese Aussage ihrer Mutter so, dass sie eben nicht hübsch sei, und diese Bemerkung hatte sich ihrem Gedächtnis eingeprägt, und es hatte sie geschmerzt. Die entwicklungsgeschichtliche Rolle eines Individuums ist daher für das Verständnis einer komplexen und problematischen Gefühlshaltung von Bedeutung, wenn wir verstehen wollen, warum Menschen so und nicht anders empfinden.

Bei genauerer Anamnese ergab sich, dass unsere Lehrerin als Einzelkind behütet und umsorgt aufgewachsen war. Die Eltern sind dem gehobenen Mittelstand zuzuordnen. Alle Aufmerksamkeit galt dem kleinen Mädchen, und alle Fortschritte in dessen Entwicklung wurden mit Freude wahrgenommen und kommentiert. Jedes Anzeichen von Krankheit stiess jeweils auf grosse Besorgnis. Es wurde darauf geachtet, dass alle Hindernisse des Lebens dem kleinen Mädchen aus dem Weg geräumt wurden. Es sollte ohne Sorgen aufwachsen und sich frei entfalten können. Man achtete aufmerksam auf den Umgang des Mädchens in der Schulzeit. Klassenfahrten stiessen auf die Befürchtung, ihre Tochter könne mit Buben zu früh in Kontakt kommen.

Wenn verwöhnte Menschen im Berufsleben mit Situationen konfrontiert werden, in der sie nicht im Mittelpunkt der Aufmerksamkeit stehen, empfinden sie das als Affront, wie vor den Kopf gestossen. Die Erarbeitung der Kindheitserlebnisse kann helfen, diesen Mangel an Realitätssinn zu beheben. Der Ursache von Verstimmungen sollte man grundlegend nachgehen. Sie ist nicht immer leicht in der individuellen Verarbeitung der Kindheitserlebnisse zu finden. Spätere Ereignisse werden nach einem erworbenen Schema erlebt und verarbeitet. Die Art des Verwöhnten ist auch in der Literatur eingehend beschrieben worden, so z. B. im Roman *Oblomow* des russischen Schriftstellers *I. A. Gontscharow* (1859), und sie bedeutet für unsere Selbst- und Menschenkenntnis einen grossen Gewinn. Da wir heute wissen, dass jeder Mensch Unsicherheitsgefühle durch eine mehr oder weniger unausgeglichene Erziehung in sich trägt, können wir davon ausgehen, dass diese Art der Auseinandersetzung mit dem Leben keinem fremd ist. Es ist deshalb auch kein Grund vorhanden, über die unzulänglichen Gefühle eines Mitmenschen die Nase zu rümpfen.

Vielmehr können wir unsere Selbst- und Menschenkenntnis erweitern, indem wir erkennen, wie sehr Verwöhnung durch die Bevormundung eines Erziehers, der es *gut meint*, abhängig macht. Nicht die eigenen Vorstellungen stehen dabei im Mittelpunkt, sondern die Aufmerksamkeit ist darauf gerichtet, was der andere von uns erwartet. Die Angst, den Erwartungen anderer nicht genügen zu können, ist dann allgegenwärtig. Angst stammt im lateinischen von *angustiae* ab und bedeutet ursprünglich *Enge*. Wenn es eng um uns herum wird, überfällt uns ein Bangen oder Angst. In der Darstellung der Lehrerin, deren Verstimmung durch die vermeintliche Abwertung eines Kollegen hervorgerufen wurde, und die in der Folge an Schlafstörungen und Konzentrationsmangel litt, kann man erahnen, auf welch vielfältige Art sich Angst entfalten kann. Es zeigt auch, wie das Sich-Ausrichten nur auf andere kein „wahres Selbst“ (K. Horney) entfalten kann. Ein „idealisiertes Selbst“ nimmt dann den Platz des eigenen Ichs ein, was einer Entfremdung gleichkommt. Wir unterliegen damit der „Tyrannei des Solls“, den Forderungen eines Über-Ichs, denen man nicht genügen kann, und die unweigerlich zur Entwicklung von Symptomen, wie Depressionen, Angstzuständen aller Art, Schlaflosigkeit, Kopfschmerzen etc., führen. Sie stellen eine Verhütungsstrategie dar, die vor der erlebten Angst schützen soll.

Damit vertreten wir den Standpunkt des Tiefenpsychologen Alfred Adlers, der meinte, dass alle seelischen Regungen beim Menschen als zielgerichtet zu betrachten seien. Stets gelte die Stellungnahme zum Leben, zu Ereignissen und Situationen, die Wahrnehmung, das Denken, Fühlen und Handeln als (unbewusste) Methode zur Sicherung seines Selbstwertes und seiner Stellung in der Gemeinschaft. Gute Stimmungen wie Zufriedenheit, Heiterkeit oder Zuversichtlichkeit, führen zum Mitmenschen hin, während Verstimmungen wie Langeweile, Gleichgültigkeit, Niedergeschlagenheit oder Ängstlichkeit als eine Abkehr von der menschlichen Gemeinschaft verstanden werden müssen. J. Rattner und G. Danzer schreiben zum Problem der Stimmungsänderung und damit zur Änderung von störenden Zielen und Zwecken, dass es nicht genügt,

> hier ein kleines Zielchen und da ein niedliches Zweckchen von uns zur Disposition zu stellen und den Rest unverändert durchs All trudeln zu lassen. Gefragt ist vielmehr „Metanoia", also tiefgreifende uns ans „Gemüt" gehende Umwandlung unserer Einstellungen und Wertungen. Bei diesem Prozess der Metanoia wird ein jeder, der sich auf ihn einlässt, die Erfahrung machen, dass nicht eine oder wenige „Saiten" seines Wesens nachgestimmt werden müssen, um einer „schlechten Stimmung" Herr zu werden. Vielmehr ergeht es uns in dieser Situation wie einem Klavier, bei dem alle Saiten auf ein neues Spannungs-Niveau gebracht werden müssen, wenn der Eindruck der „Wohltemperiertheit" entstehen soll. In vielen Fällen ist eine derartige Nachstimmung unserer Persönlichkeit nur zusammen mit einem Therapeuten mit hervorragendem Geschick und Gehör zu bewältigen. (S. 97/98) [15]

In letzter Zeit wurde die Aufmerksamkeit immer wieder auf das Problem *Burnout* gelenkt. Dieser Zustand des chronischen Stresses und der dadurch verringerten Leistungsfähigkeit und Motivation, der allgemeinen Lustlosigkeit, der Schlafstörungen als Ausdruck psychosomatischer Beschwerde wird äusseren Faktoren zugesprochen, vor allem einem schlechten Arbeitsklima und fehlender Anerkennung. Anders als bei einer Depression ist Burnout an die Belastung am Arbeitsplatz und an die Qualität des sozialen Umfeldes gebunden.

So sieht sich die Universität Zürich aufgrund von Vorkommnissen in ihren eigenen Reihen veranlasst, eine Anlaufstelle für Mobbingopfer einzurichten (NZZ 4.2.2018). Damit können sich Doktoranden und Forscher bei einer neutra-

---

[15] Rattner, J. und Danzer, G.: Grundbegriffe der Tiefenpsychologie und Psychotherapie. 2000, Wissenschaftliche Buchgesellschaft, Darmstadt

len Fachstelle bei Schwierigkeiten beraten lassen, da sie in einem besonderen Abhängigkeitsverhältnis zu ihren Vorgesetzten stehen.

Ein Fall von Mobbing unter Kollegen

Lehrer M. unterrichtet eine Maschinenzeichnerklasse an einer gewerblichen Berufsschule im Fach Deutsch. Da er von einer Pädagogik begeistert ist, die dem Schüler möglichst viel Freiheit lässt, führt er seine Klasse dementsprechend. Leider lässt er die Führung ausser Acht, was dazu führt, dass in seiner Klasse die Lauten und Lernunwilligen immer mehr das Zepter führen. Die Kollegen, welche diese Klasse in anderen Fächern ebenfalls unterrichten, stehen dem Bemühen um *freiheitliche* Tendenzen in der Schulführung mehrheitlich kritisch gegenüber: „Was der treibt mit seinen Schülern, das kann er vielleicht dort machen, wo er herkommt, aber hier bei uns?" Die Ablehnung unter den Kollegen ist einhellig. Man spottet über ihn und distanziert sich immer mehr. Auch die gemeinsamen Schüler bekommen einiges davon mit. Dass M. in einem anderen Land aufgewachsen ist, zwar die hiesige Staatsbürgerschaft angenommen hat, spricht ebenfalls nach Meinung seiner Kollegen gegen ihn. Vor einer Woche nun ist M. ernsthaft erkrankt. Man spricht von einem Zusammenbruch und ist der festen Meinung, dass er den falschen Beruf gewählt habe: „Der M. ist in der Schule am falschen Ort. Der bringt unsere Ordnung völlig durcheinander."

Die kollegiale Unterstützung ist gerade in der Schule wesentlich und notwendig. Das gemeinsame Anliegen, das Fördern von Schülern, kann nur mithilfe aller Kräfte gelingen. Jeder Lehrer, jede Lehrerin muss sich im Kreise der Kollegen wohlfühlen und bei Bedarf auch seine Sorgen und Bedenken mit anderen teilen können. In einer feindlichen Atmosphäre im Lehrerzimmer, bei Rivalität, Aversionen, Abweisungen und Verurteilungen entsteht ein Klima von Angst und Ausgeschlossen-Sein, ein freundliches und anteilnehmendes Verhalten der Kollegen stärkt und ermutigt hingegen in schwierigen Situationen.

Was ist es nun, wenn Mobbing und Ablehnung eine Dynamik erhalten, die eine vernünftige Einschätzung einer Situation erschweren? In erster Linie denken wir, dass Mobbing nicht so sehr von dem Wesen des Betroffenen, in diesem Fall M., abhängt, sondern von den psychischen Faktoren der Individuen, die ohne Anteilnahme dazu neigen, jemanden in einer schwierigen Lage abzulehnen. Welche Funktion hat aber eine solche zumeist ambivalente, ablehnende Haltung?

In allen Fällen von Mobbing nehmen die Vorurteile einen wesentlichen Platz ein. Bei Untersuchungen (Adorno) wurde festgestellt, dass es nicht so sehr darauf ankommt, gegen welche Personen sich die Vorurteile richten. Sie sind bei Individuen mit Vorurteilen austauschbar und erfüllen nicht selten die Funktion, die eigene Angst zu vermeiden. Befragt man Menschen, die eine ablehnende und abweisende Gesinnung entwickeln, so hört man mehrfach, sie seien unvoreingenommen und ohne Klischees. Die Stellungnahme zur Abstammung von M. spricht aber die Sprache der Fremdenfeindlichkeit und widerlegt die *noble* Gesinnung. Es ist auch nicht zu übersehen, dass fast immer Angst mit Ablehnung und Feindschaft verbunden ist. Projektionen und Machtphantasien sind in den Vorurteilen verwoben. Die unbewusste Furcht vor Strafe bei *Unbotmässigkeit* haben viele Erwachsene in ihrer Kindheit erlebt; dieses Gefühl, nicht abweichen zu dürfen von der gängigen Meinung der Eltern und später der Gesellschaft führt fast immer zur Ablehnung und Feindschaft gegenüber einem Menschen oder einer anderen Gruppe, wenn sie als andersartig empfunden wird. Die eigene Furcht vor nichtkonformem Verhalten führt zu Regression und Überkompensation. Vorurteile und Verzerrungen werden demzufolge aus unbewussten Motiven gespeist, und die Wirklichkeit wird durch die Brille der Verzerrungen gesehen, die es erschweren, neue Erfahrungen zu machen oder wie im Fall M., Hilfe zu leisten.

Die oben gemachten Aussagen über Vorurteile gegenüber andersgearteten, andersdenkenden und handelnden Menschen sind kein Spezifikum irgendeiner Berufsgruppe, sie sind auch nicht punktuell als sozialpsychologisches Phänomen auszumachen, sie fallen besonders als Denkmuster gesellschaftlicher Zusammenhänge auf, die sich dann auch im individuellen Bereich ausmachen lassen. Vorurteile sind vor allem in der Tradition elitären Denkens angesiedelt und sehen sich und die eigene Gruppe überhöht, was sich in der Folge als Destruktion gegenüber einem Objekt entfaltet.

Andererseits können wir sehen, wie die grosse Mehrheit der Menschen friedlich und im Einvernehmen mit anderen den Alltag gestalten. Lehrern und Lehrerinnen ohne oder mit wenig Neigung zu Vorurteilen gelingt es vorzüglich, eine Stimmung zu schaffen, die auf Wohlwollen gegenüber Kollegen aufbaut.

Voltaire meine: „Vorurteile sind die Vernunft der Narren“.

Vorurteile

betreffen psychologisch betrachtet

Subjekt und Objekt

dahinter stehen — nicht ausschlaggebend

Projektionen eigener Ängste,

die nach aussen verlagert werden und erfüllen die

Funktion der Kompensation.

Aus moralischen Erwägungen werden

Vorurteile verteilt auf mehrere Objekte:

Schwarze sind…., Juden haben……etc.
und

Schein der Objektivität.

Alles hat seine zwei Seiten: gut und schlecht.
Bei Vorurteilen überwiegt: schlecht!

Der Charakter des Vorurteils wurde vor allem durch die Untersuchungen der „Frankfurter Schule“ und Theodor W. Adorno eingehend durchleuchtet: „Hier handelt es sich um Individuen, die *an sich* voreingenommen sind, für die es verhältnismässig nebensächlich ist, gegen welche Gruppe ihr Vorurteil sich schliesslich richtet.“ (S. 110) Die Übertragung unbewusster Furcht auf ein besonderes Objekt, das selbst nur sekundärer Natur ist, behalte immer etwas Zufälliges.

Wer sich genauer orientieren will, sollte die *Studien über den autoritären Charakter* bei Adorno et al. lesen.

2.5. Lehrer–Eltern

Zunächst sei hier wiedergegeben, wie Jean-Paul Sartre die Beziehung schildert, die sich zwischen seinem Lehrer und seiner Mutter ergab. Jean-Paul (ca. zehnjährig) war bei seinem ersten Aufsatz Letzter geworden.

> Meine Mutter bat beschleunigt um eine Unterredung mit Monsieur Ollivier, meinem Klassenlehrer. Er empfing uns in seiner kleinen Junggesellenwohnung. - Meine Mutter bemühte sich nachzuweisen, ich sei besser als meine Schularbeiten: ich hätte allein lesen gelernt und schriebe Romane; als sie mit ihren Argumenten nicht weiterkam, enthüllte sie, ich sei ein Zehnmonatekind, also besser gebacken als die anderen, goldbrauner, knuspriger, da ich länger im Ofen geblieben sei. Auf Monsieur Ollivier machte ihr Charme mehr Eindruck als mein Verdienst, aufmerksam hörte er sie an. - Er lehnte es ab, mir Privatstunden zu geben, versprach aber, mich «im Auge zu behalten». Mehr verlangte ich nicht: ich erspähte seinen Blick während der Stunden; er sprach nur für mich, dessen war ich sicher; ich glaubte, er liebe mich, ich liebte ihn, einige gute Worte bewirkten den Rest: ohne Anstrengung wurde ich ein ziemlich guter Schüler. (S. 218)[16]

Auf diese wunderbare Weise konnte sich Sartre integrieren. Sein Lehrer hatte durch seine aufmerksame Einfühlung nicht nur bewirkt, die schulische Leistung des jungen Jean-Paul verbessern zu helfen, sondern dadurch vor allem sein Selbstbewusstsein zu heben und sich im Klassenverband zu integrieren.

Heute können wir Umfragen zufolge und je nach Schulstufe davon ausgehen, dass der Einfluss, den die Eltern auf die Lehrer ausüben, recht gross ist. 26% der Lehrer sind der Meinung, dass die Eltern ihre Arbeit behindern und 10,6% fürchten Konflikte mit Eltern in Bezug auf die Beurteilung der Schüler. Bedenklich muss es uns stimmen, wenn wir hören, dass 59,1% glauben, Eltern würden von ihnen zu viel erwarten und sogar 66,5% der befragten Lehrer haben das Gefühl, ihre Autorität schwinde bei den Eltern. Die Studie kommt denn auch zum Schluss, „dass die Gruppe der Eltern auf die Lehrer einen enormen Druck ausüben, und dass diese dadurch belastet sind.“[17]

In der Schweiz verlangt das 2005 angenommene Volksschulgesetz eine Zusammenarbeit von Schule und Eltern. Eine Umfrage des Zürcher Lehrerver-

---

[16] Sartre, Jean-Paul: Die Wörter. Ex Libris. Zürich, 1965

[17] Erziehung und Unterricht, Heft 1/2. 2002. T. Katschnik

bandes 2015 zeigt jedoch ein trübes Bild: 1145 Lehrer und Lehrerinnen gaben an, von den Eltern nicht genügend respektiert zu werden. Ebenso sind sie der Meinung, die Eltern sollten der Schule mehr vertrauen und sich weniger einmischen. Von den 2859 Befragten sind 70% der Ansicht, Eltern sollten ihre Kinder besser erziehen. Die Schulbehörde sieht in der Bildungsferne und in der beruflichen Überforderung gewisser Eltern Gründe für geringes Interesse an der Schule ihrer Kinder. Es gebe allerdings auch überengagierte Eltern (meistens gut gebildet und gut verdienend), die ihr Kind infolge der wirtschaftlich unsicheren Lage schulisch bestmöglich fördern wollen.

Selektion

Eine junge Lehrerin unterrichtet in einer sechsten Klasse. Der Übertritt in die Oberstufe steht bevor und es geht darum, Zeugnisnoten vorzubereiten und die Schüler zu selektionieren. Die Schüler sind sehr unruhig und nervös. Einige Eltern haben sich erkundigt, welche Möglichkeiten ihr Kind habe, in die Sekundarschule zu kommen und später dann ins Gymnasium. Mit zwei Eltern hat es Konflikte gegeben, da sie der Meinung sind, die Lehrerin habe ihr Kind nicht genügend gefördert. Die Lehrerin verteidigte sich und erklärte, das Kind habe im letzten Jahr nicht genug Leistung erbracht, und es sei besser, es nicht zu überfordern. Die Eltern waren mit dieser Antwort nicht zufrieden, drohten mit der Schulleitung und dann sogar mit ihrem Anwalt. Die Lehrerin berichtet, sie habe am Abend zuhause geweint und gedacht, am liebsten würde sie nicht mehr in die Schule gehen. Diese Verstimmung hielt länger an.

Befragt man die Eltern, wie sie den Lehrerberuf einschätzen (deutsche Studie), dann sind es ca. 80%, die davon ausgehen, dass der Lehrerberuf mit einer hohen psychischen Belastung verbunden ist.[18] Weitere 66% glauben, dass Lehrer oft in die Kritik kommen und deshalb einen sehr anstrengenden Beruf ausüben. Sie bekämen zudem sehr viele Vorgaben und könnten kaum eigene Vorstellungen und Ideen im Schulalltag umsetzen.

Andererseits meinen die Befragten, dass der Lehrerberuf gut bezahlt (39%), die Altersversorgung gut (68%) und der Arbeitsplatz gesichert sei (78%). Interessant an dieser Studie ist, dass nur 18% sich vorstellen können, in diesem Beruf zu arbeiten. 71% verneinen entschieden die Frage, ob der Lehrerberuf etwas für sie wäre. Kinderlose und Nicht-Eltern sind eher bereit, Lehrer zu werden.

---

[18] Geeignet für den Lehrerberuf? Studie des Instituts für Demoskopie Allensbacher. IfD-Umfrage 10089 (2012)

Umfragen ergeben einen interessanten Überblick über die momentane Situation, müssen aber durch Ursachenforschung ergänzt werden. Zudem hat es nicht viel Sinn, die auftretenden Symptome eines Problems behandeln zu wollen. Eine Folge der Symptombekämpfung ist zwangsläufig der gute Ratschlag, und damit erfassen wir die Wurzel des Übels nicht. In einem Schulsystem spielen zudem viele Faktoren mit.

Wir sollten vielmehr unseren Blick auf die Qualität der Beziehung zwischen Lehrern und Eltern fokussieren. Das oben aufgeführte Beispiel von *Jean-Paul Sartre* weist auf die Beziehungsebene von Lehrern, Eltern und Schülern hin. Dabei bieten die unmittelbaren Interessen der Eltern vielleicht die beste Handhabe für ein gemeinsames Vorgehen. Verstehen Lehrer die Beweggründe der Eltern, dann können sie eher zu einer gemeinsamen Lösung finden. Eltern sind in Sorge um das Fortkommen ihrer Kinder. Schwieriger gestaltet sich die Suche nach einem guten und gangbaren Weg für einen Schüler, wenn Eltern eine starre Vorstellung darüber vertreten, wie und wohin sich ihr Kind entwickeln soll. Ich glaube, dass in diesem Fall die Lehrperson Anwalt des Kindes sein und dessen Wohl nicht aus den Augen verlieren sollte. Schlussendlich hat eine menschliche Haltung immer die besten Argumente auf ihrer Seite, auch wenn Rationalisierungen, d. h. unvernünftige Begründungen für vernünftiges Vorgehen, vorgebracht werden. Das Problem des praktischen Vollzugs solcher Bemühungen um das Wohl eines Schülers kann nur durch eine gemeinsame Anstrengung von Lehrern und Eltern gelöst werden. Dieser Aufgabe darf man sich nicht unter dem Vorwand von Eigeninteressen entziehen, die auf der Seite der Schule Regeln und Vorschriften bedeuten können, und auf Seiten der Eltern eigenmächtige Wunschvorstellungen über den Weg ihres Kindes.

Lehrpersonen bereitet besonders Mühe, wenn Eltern bei Schwierigkeiten ihrer Kinder in der Schule Schuldige suchen. Es kommt vor, dass Eltern den Vorwurf erheben, der Lehrer habe kein Verständnis für ihr Kind. Im oben geschilderten Beispiel wird sogar versucht, das Problem des Kindes mit Druck und Gewalt zu lösen.

Einige Schulen haben auch versucht, zunächst den Rahmen einer Elternmitarbeit abzustecken, weil sie zu viel Mitsprache vermeiden wollten. Das hat aufseiten der Eltern zu Irritationen geführt. Besonders bei einer disziplinarischen oder einer sonderpädagogischen Massnahme sollen sich ja Eltern laut gesetzlicher Bestimmung am Entscheid beteiligen. Eltern stossen in solchen Fällen aber auf ein ganzes Team von Fachleuten, deren Meinung schon gemacht ist. Sie sehen sich dabei oft übergangen und bedrängt.

Lösungen können nur dann gefunden werden, wenn die Eltern und die Schule zu einer wirklichen Partnerschaft finden. Das Anliegen der Eltern und der Schule muss darin gesehen werden, das Gesamtwohl des Schülers im Auge zu haben. Eine Spezialisierung nur auf Wissensvermittlung wird immer zu kurz greifen. Unter dem Titel „Das stille Leiden der Kinder" (TA 14.11.2017) wird berichtet, Kliniken für Kinder- und Jugendpsychiatrie verzeichneten rekordhohe Aufnahmezahlen, da immer mehr Kinder und Jugendliche an Depressionen und Burn-out leiden würden. In jeder dritten oder vierten Klasse sitze ein Kind mit Depressionen. Viele Fälle würden unter den Tisch gewischt und erhielten keine Hilfe. Fortschrittliche Pädagogen haben immer wieder darauf hingewiesen, nicht nur die Wissensvermittlung im Auge zu haben, sondern darauf zu achten, wie gesund sich Kinder fühlen, wie begeisterungsfähig und neugierig sie sind und wie gut und gerne sie zusammenarbeiten.

Bei jeder Berufsausbildung muss man erwarten, dass der Kandidat später in der Praxis alle relevanten Gebiete seines Berufes kennt und damit sinnvoll umgehen kann. Der Lehrerberuf beinhaltet im Gegensatz zu vielen sachbezogenen Berufen eine emotionale und geistige Dimension. So sollte der Lehrer auch als pädagogischer Fachmann gelten. In der Lehrerausbildung kann nicht genügend auf diesen Punkt geachtet werden, aber Bildung (Herzensbildung) in diesem Sinne ist subtil, sie ist nur durch Interesse und Anstrengung zu erreichen, nicht unbedingt gesichert durch Lektionen, die nur den Intellekt ansprechen. Die Fähigkeit und Aufgeschlossenheit eines Lehramtskandidaten gegenüber emotionalen und geistigen Anliegen müsste viel mehr gefördert werden, und damit käme man einer umfassenden Bildung näher. Vor allem müssen Lehrpersonen werterfahren sein, was in erster Linie heisst, die Tragweite der Solidarität und der gegenseitigen Hilfe für das Zusammenleben erkannt zu haben. Sie sollten zudem Wahrheits- und Ethikforscher sein, was ihr Ansehen als Fachleute in Erziehungs- und Bildungsfragen erheblich steigern könnte.

In einer Befragung unter Junglehrern ergab sich, dass diese ihre Kompetenzen in Bezug zur Elternarbeit als gering einstufen. Der Eindruck entsteht, dass Lehrer sich nur mit grossen Bedenken in ein Gespräch mit Eltern einlassen. Manchmal fehlt es Lehrern an stichhaltigen Argumenten und Vokabular für soziales Geschehen, wenn sie konkret zu Vorfällen Stellung nehmen sollen, die einen Schüler betreffen.

Folgende Tabelle deutet an, wie Lehrer Daten sammeln können, die in einem Gespräch mit Eltern von Nutzen sein würden:

Name	Ereignis: (+) oder (–) In Beziehung zu: (∞) Datum: 12.5.17	Ereignis: (+) oder(-) In Beziehung zu: (∞) Datum: 17.5.17	Ereignis: (+) oder (–) In Beziehung zu: (∞) Datum: ....
Birgit		*(-) Kommt zum 2. Mal zu spät (15')*	
Doris	*(-) verweigert Gruppenarbeit mit Gerry (∞)*		
Felix		*(+) Erklärt Zusammen-hänge in Mathe. (∞)G.*	
Gerry	*(-) schimpft über D.*	*(-) Lässt sich nicht ein (∞) F.*	
Lora			

2.6. Lehrer–Vorgesetzter

Vorerst einige Gedanken zur Vorgesetztenrolle, wie sie von der Gesetzgebung vorgesehen ist: Dazu gehört die personelle, administrative und finanzielle Führung einer Schule. Auch die Unterrichtsqualitätssicherung gehört zu diesem Aufgabenbereich sowie die Fürsorgepflicht gegenüber den angestellten Lehrern, die deren Schutz vor ungerechtfertigten Anschuldigungen verlangt. Der Schulleiter untersteht aber auch den Bestimmungen der Schulbehörde. Dieses ganze Aufgabenfeld birgt einiges an Konfliktpotential in sich, welches durch ein gutes Schulklima mit respektvollen Beziehungen im Kollegium und mit den Schülern gewährleistet wird. Dazu gehören klare Regeln und Solidarität innerhalb des Teams. Eine „top down“- Strategie (Veränderung uns Anweisung von oben nach unten) bewährt sich allerdings nicht sehr und sorgt nicht für ein gutes Arbeitsklima, wobei eine kooperativ geleitete Schule eher dazu beiträgt.

Konflikte zwischen Lehrpersonen und Schulleitung

Im Zusammenwirken von mehreren Personen können sich Konflikte ergeben, die meistens sachlich und intern bewältigt werden. Wenn das nicht gelingt, liegt fast immer die Schwierigkeit in der mangelnden Kommunikationsfähigkeit. Konfliktherde sind vor allem

- das Sich-nicht-ernst-genommen-Fühlen,
- mangelnde oder zu späte Information,
- fehlende gegenseitige Anerkennung der fachlichen Kompetenz,
- unterschiedliche pädagogische Ansichten,
- üble Nachrede oder Verleumdungen,
- autoritäres Vorgehen,
- Streit um Kompetenzen,
- schlechte Stimmung, Kündigungen.

Schwierige Situationen können dann entstehen, wenn persönliche Charaktermerkmale den Zugang zu sachlicher Auseinandersetzung behindern. Wir beobachten bei Auseinandersetzungen nicht selten Autoritätsängste, die einen Menschen überfallen, wenn er mit Vorgesetzten zu tun hat. Die Angst, nicht genügen zu können, ist der Ausdruck eines in der Kindheit erworbenen Schwächegefühls, welches im Hintergrund seelischer Empfindungen schwelen kann, und einer offenen Haltung im Wege steht. Charaktere, die zu sehr um Anerkennung ringen, sind anfällig, sich zu sehr zu unterwerfen oder auch wegen ihres Geltungsstrebens für Schmeicheleien zugänglich zu sein. Aristoteles beschreibt diesen Zustand schon in seiner *Nikomachischen Ethik:*

> Es lässt sich feststellen, dass die Vielen eher den Wunsch haben, geliebt zu werden als zu lieben – weil dies ihrem Geltungstrieb entgegenkommt. Daher die Vorliebe der Vielen für Schmeichler. Der Schmeichler ist ein Freund, über dem man steht, oder er gibt sich den Anschein eines solchen und tut, als ob er mehr Zuneigung schenken als empfangen wolle.

Der unterwürfige oder masochistische Typ ist ein Ja-Sager, der auf sein Gegenüber, dem nach Geltung Strebenden, ein passendes *Pendant* ist. Letzterem liegt viel an Beifall; er übersieht jedoch, dass er keinen Mitstreiter gefunden hat, denn er hat nur einen Tartüff an seiner Seite.

Eine andere Variante eines Schwächegefühls macht sich durch Streitbereitschaft und Rechthaberei bemerkbar. Es braucht einiges an Wissen und Fingerspitzengefühl, um solche kritischen Momente nicht eskalieren zu lassen. Die Beziehung zwischen Lehrer und Schulleiter ist keine freiwillige, keine Authentizität. Sie verlangt eine reziproke Beziehung, eine auf wechselseitiger Anerkennung basierende Form des Miteinander-Seins. Intentionen des Kennens, Erkennens, Anerkennens und Verstehens sind erstrebenswerte Ziele im Zusammenleben und Zusammenwirken. Das heisst nicht, dass Spannungen zwischen Menschen keinen Platz haben; diese müssen immer wieder neu ausgeglichen werden.

Ein Beispiel für eine Lehrer-Schulleiter-Auseinandersetzung beschreibt E. Koch im Tages-Anzeiger-Magazin März 2017:

> Der Schulleiter weist die Lehrerin darauf hin, dass in der Bildungskommissionssitzung ein Vater bemängelte, sie habe seinen Sohn ausgegrenzt, diskriminiert. Was war geschehen: nach mehrmaligen massiven Störungen und nach Absprache mit einem Kollegen hatte sie ihren Schüler Dylan für eine Stunde in dessen Klasse verwiesen.
>
> Schulleiter: Was sagst du zu den Vorwürfen des Vaters?
>
> Lehrerin: An anderen Schulen ist das üblich.
>
> Schulleiter: An meiner nicht.
>
> Lehrerin: So kann ich nicht unterrichten.
>
> Schulleiter: Das Problem ist nicht gelöst, nur verschoben, wenn man Schüler in andere Klassen deponiert.
>
> Lehrerin: Das finde ich auch. Aber wenn 20 andere darunter leiden?
>
> Schulleiter: Ich sage es nicht gern: Man redet über dich im Quartier.

Das ist natürlich keine Hilfestellung in einer solch kritischen Lage. Der Lehrerin und dem Schüler ist nicht durch Vorwürfe geholfen.

Am Abend sitzt die Lehrerin an der Kante ihres Bettes und weint. Das Schlimmste ist die Verunsicherung: „Bin ich noch eine fähige Lehrerin? Nie waren meine Zweifel so gross wie jetzt im 21. Jahr meines Berufes, den ich einst so sehr liebte."

Ich habe hier zunächst die Auseinandersetzung zwischen Lehrerin und Schulleitung beschrieben. Das genügt aber nicht, wenn wir Einblick in die Hintergründe erhalten wollen, die hier eine Rolle spielen. Mit Dylan, dem störenden Schüler einer vierten Klasse, hatte sich Folgendes im Unterrichtsfach *Mensch und Umwelt* abgespielt:

> Auf die Frage der Lehrerin, welche Tiere in unseren Wäldern leben, antwortet eine Schülerin:
>
> Noemi: *Rehe, Füchse, Marder.*
>
> Dylan schreit: *Mörder!*
>
> Nils und Benjamin lachen.
>
> Lehrerin: *Was noch?*
>
> Dylan: *Arschlöcher.*
>
> Die Lehrerin will Dylan vor die Türe schicken. Dylan weigert sich.
>
> Lehrerin: *Du gehst!*
>
> Dylan: *Nein!*
>
> Lehrerin: *Dann bleibst du nach der Schule hier, ich habe Zeit für dich!*
>
> Endlich steht Dylan auf, tanzt zur Tür und schreit *bläbläblä.*
>
> Lehrerin: *Nimm Stifte mit und ein Blatt Papier, zeichne einen Fuchs.*
>
> Dylan zeichnet ein Wesen ohne Beine, Blut spritzt aus Augen und Mund.

Hier erkennen wir dieselbe Haltung bei der Lehrerin wie auch beim Schulleiter. Beide *reagieren,* anstatt zu agieren. Diese Haltung ist sowohl bei Lehrern wie auch bei Eltern immer wieder zu beobachten. Regeln und Vorschriften durchdrücken zu wollen ist aber kein brauchbarer Weg, um adäquat Klippen zu umsegeln. Leitbilder und Prinzipien sind zwar wichtig, sollen aber nicht mit Zwang und Gewalt durchgesetzt werden. Wenn ein Schüler Leitlinien nicht einhält, wenn er stört und sich nicht aufs Lernen einstellen kann, müssen Lehrer einen Weg suchen, ihm zu erklären, wie man das am besten macht. Störende Schüler dürfen keine Ablehnung erfahren. Sie haben noch nicht gelernt, im Klassenverband mitzutun und sind daher eher zu bedauern.

Die Frage muss sein, wie es gelingen könnte, ihn in die Klassengemeinschaft einzubinden, so dass er am Lernprozess wie die anderen teilnehmen kann. Lernt er das nicht, dann hat die Schule in ihrem Erziehungsbemühen versagt. Es gibt keine schlechten und böswilligen Reaktionen eines Kindes. Es versucht, mithilfe seiner ungenügend entwickelten „Leitlinien" (Adler), in seiner Umgebung zur Geltung zu kommen. Strafen bewirken keine Verbesserung des „Gemeinschaftsgefühls“ (Adler). Alle Unarten eines Schülers, die die Lehrerin belästigen, und die sie mit unwirksamen Massnahmen tilgen will, übersehen das genuine Anliegen des Kindes, die verdeckte und unglückliche Suche nach Beziehung und Geltung. Schroffe Massnahmen zerstören jegliche Einsicht in kindliches Fehlverhalten, welches eine Folge von misslichen Kindheitserlebnissen ist. Der Mensch ist ein lernendes Wesen; die althergebrachte Meinung, er komme mit einem fertigen Charakter zur Welt, spukt immer noch in unseren Köpfen herum. Von daher ist es nur zu verstehen, wenn wir eher das „Böse“ im Menschen austreiben wollen, anstatt das „Gute“ zu fördern.

Auch der Schulleiter im obigen Beispiel findet nicht den Weg zu einer verstehenden und hilfreichen Unterstützung seiner Lehrerin, die dann schlussendlich keinen anderen Ausweg mehr findet, als zu kündigen. So senkt sich der kalte Schatten der Angst über die Fülle der Lebensmöglichkeiten. Fortschritte können wir nur erwarten, wenn wir die soziale Natur des Menschen erfassen, die trotz so mancher Verirrungen nicht auszulöschen ist. Beziehungen zwischen Menschen sind das Ergebnis von gemeinsamer und tragfähiger Begegnung. Martin Buber sagt das so: „Der Mensch wird am Du zum Ich.“ Er braucht von klein auf das Gegenüber, sonst stirbt er. Menschen sind Gemeinschaftswesen, die nur dann sich selbst und dem anderen gerecht werden, wenn sie nicht nur einen Teil eines Wesens erfassen. Der Hass bleibt seiner Natur nach blind, denn nur einen Teil eines Wesens kann man hassen. Solange aber die Liebe „blind“ ist (solange sie nicht ein ganzes Wesen sieht), steht sie noch nicht wahrhaft unter dem Grundwort der Beziehung *(Buber)*. (S. 20)[19] Wir stimmen mit Buber darin überein, dass das Verstehen-Wollen in allen Beziehungen eine Grundvoraussetzung ist, um zu brauchbaren Lösungen zu kommen.

2.7. Gedanken zum Führungsproblem

In der Schule kann die Art der Schulleitung dem einen oder anderen erhebliche Mühe bereiten. Unsere Vorstellungen von Führung gehen oft weit auseinander.

Manche fühlen sich wohl unter einer autoritären Führung, sie können die Verantwortung an den Chef delegieren und müssen nur ausführen, was verlangt wird. Der Chef behält alle Entscheidungsgewalt in der Hand.

[19] Buber, Martin: Das dialogische Prinzip. Lambert Schneider GmbH, Heidelberg, 1984

Die selbständigeren Mitarbeiter bleiben bevormundet und können ihre Ideen nicht verwirklichen. Sie bevorzugen eine kooperative Führung, bei der sie die Freiräume für ihre fachliche und menschliche Weiterentwicklung nutzen können.

Die Philosophie der Führung und des Geführt-Werdens hängen wesentlich vom Zeitgeist ab sowie von der Einsicht in die Natur des Menschen. Es kann hier nicht darum gehen, Empfehlungen für ein möglichst günstiges Zusammenwirken bereitzustellen. Wir können bestenfalls Überlegungen anstellen, wann sich Menschen wohl fühlen, unter welchen Bedingungen sie sich entfalten können, und welche *Geisteshaltung* ihnen zuträglich ist.

In der Folge sollen einige Blitzlichter der Geschichte und der Philosophie dazu beitragen, wie denkende Menschen von jeher versuchten, etwas Klarheit in die Struktur des Zusammenwirkens zu gewinnen. Meistens ging es (schon in der griechischen Antike) um das Verhältnis von Staatsführung und Volk, wir glauben aber, dass diese Überlegungen auch eine Bedeutung für die Schulführung haben können.

Niccolò Machiavelli

Im Jahre 1530 erschien ein Buch mit dem Titel „Il Principe" von Machiavelli, eine Anleitung für Machthaber, die erklärt, wie sich Macht erwerben, erhalten und steigern lässt. Für ihn gehörten die Begriffe Politik, Macht und Gewalt zusammen. Allerdings verstand er Macht nicht als von oben (Gott, Kaiser) verordnet, es ging ihm auch nicht darum zu moralisieren, sondern er sah Machtstreben als eine Kraft oder Energie, die in jedem Einzelnen steckt und etwas bewegen soll. Der beste Herrscher war für ihn der Barmherzige, als weniger geeignet schien ihm der Grausame. Er wollte vor allem die Macht der Kirche brechen und sie dem weltlichen Bereich zuordnen.

Thomas Hobbes

1651 publizierte Thomas Hobbes während des englischen Bürgerkrieges sein Buch „Leviathan" als Reaktion auf eine chaotische Zeit mit begrenzten Ressourcen bei steigender Bevölkerungszahl. Um die Menschen vor Gewalt von aussen wie vor gegenseitigen Übergriffen zu schützen, sollen sie die gesamte Macht auf einen Machthaber übertragen. Bis heute geistert diese Idee noch in den Köpfen vieler herum, ein starker Staat oder eine starke Führung könne uns am besten weiterbringen. Besonders die Zeit nach 1968 war bemüht, die Gewalt und absolute Vorherrschaft zu hinterfragen. Anstatt im Umgang andere zu bevormunden, sollte die Autonomie und Würde des anderen geachtet werden.

Charles de Secondat, Baron de Montesquieu

Ein weiterer Denker ist Baron de Montesquieu (1689-1755). In seinem Werk *Vom Geist der Gesetze* fordert er: „Die Macht muss der Macht Schranken setzen". Das bedeutete für ihn Gewaltenteilung in Gesetzgebung, Rechtsprechung und Regierungsgewalt, da es eine ewige Erfahrung sei, dass jeder, der Macht habe, diese missbrauche. Das Gemeinwesen, welches die Macht teilt, gewinnt sogar dadurch an Stärke. Zum Führen und Gestalten braucht es demnach nur eine minimale Macht, jedoch soll man sich überlegen, wie viel man anderen überlassen soll, damit eine Institution funktioniert. Der Austausch, die Kommunikation und vor allem die Übernahme an Verantwortung von mehreren Mitarbeitern kennzeichnen den Stil dieser Geisteshaltung. Das war ein enormer Fortschritt, und die amerikanische Verfassung übernahm wenig später diese Idee. Wenn in der Schulführung das Vertrauen in die Fähigkeiten aller ihrer Akteure vorhanden ist, dann kann der Reichtum an Ideen zu einer steten Verbesserung beitragen. Ein Einzelner ist nie imstande, die Wirklichkeit ganz zu erfassen. Es braucht dazu immer den Dialog, um sich, andere und die Welt zu verstehen.

Immanuel Kant

Einer, der die alte Idee der Herrschaft von Philosophen, die Platon empfahl, verwarf, war Immanuel Kant (1724-1804). Der Besitz der Gewalt verderbe nur das freie Urteil der Vernunft. Für ihn galten die Pflicht und die Orientierung am Rechtsystem als oberstes Gebot. Common sense bedeutete für ihn Selbstdenken, an der Stelle jedes anderen denken und jederzeit mit sich selbst einstimmig denken. Für ihn war es entscheidend, alle Gegebenheiten vorurteilsfrei und konsequent anzugehen. Kant ging davon aus, dass eine Föderation verschiedener Staaten, die untereinander kommunizieren und kooperieren, eine bessere Idee ist, als die einer Weltregierung, die immer nur autoritär sein kann. So ist auch zu überlegen, ob ein freier Austausch zwischen Schulen nicht interessanter ist, als das Diktat von Erziehungsdirektionen, die für sich in Anspruch nehmen, über jeden auch noch so kleinen Schulversuch zu befinden.

Alfred Adler

Der Begriff *commom sense* oder Gemeinschaftsgefühl taucht bei Adler (1870-1937), dem Begründer der Individualpsychologie, wieder auf. Er anerkennt die soziale Natur des Menschen, welche sich aus dem menschlichen Zusammenleben folgern lässt. Sie wird als Streben nach Vervollkommnung dargestellt, die es bewusst zu entfalten gilt. Das Gefühl der Zusammengehörigkeit und der Solidarität soll alle Menschen umfassen, sogar den Kosmos. Diese Lebensform ist nach Adler *von Nutzen* und bedeutet *Einsatz für das Ganze.* Sie ist geeignet, die Lebensaufgaben am besten gemeinsam zu meistern, denn sie setzt die Gleichwertigkeit (nicht Gleichheit) aller Menschen voraus. Kein Zweifel, diese Geisteshaltung setzt Mut und Selbstständigkeit voraus und verfolgt das Ziel, die gegenwärtigen Verhältnisse stets verbessern zu wollen. Das hat nie ein Ende und ist eine evolutionäre Sicht.

Erich Fromm

Der Sozialpsychologe Erich Fromm (1900-1980) beschreibt die Wechselbeziehung zwischen den Individuen und die sozioökonomische Struktur der Gesellschaft als einen *Gesellschafts-Charakter.* Dieser verleitet meistens dazu, tun zu *wollen*, was getan werden *soll.* Aber was soll getan werden? Die humanistischen Ziele der heutigen Schulpolitik sind kümmerlich, im Vordergrund steht die Vermittlung von Fachwissen, ohne den Zusammenhang mit den Sozialwissenschaften zu pflegen. Eine neue Menschlichkeit ohne ökonomische Zwänge und ohne Gewalt als Ziel des gesellschaftlichen Zusammenlebens spielt in den Lehrplänen unserer Schulen kaum eine Rolle.

Erich Fromm weist in seinem Buch *Psychoanalyse und Ethik* darauf hin, dass *ethische* Betrachtungen in der Pädagogik nicht fehlen dürfen, denn dadurch formt sich der schöpferische und liebesfähige Charakter eines Menschen. So soll z. B. der Mensch sich eins fühlen mit allem Lebendigen und daher das Ziel aufgeben, die Natur zu erobern, zu unterwerfen, sie auszubeuten, zu vergewaltigen und zu zerstören, und stattdessen versuchen, sie zu verstehen und mit ihr zu kooperieren.

Eine Überlebenschance sieht Fromm darin, dass viele hervorragende gut ausgebildete, geschulte und engagierte Männer und Frauen sich durch die neue Herausforderung an den menschlichen Geist aufgerufen fühlen, nicht Herrschaft über die Natur, sondern Herrschaft über die Technik und über irrationale gesellschaftliche Kräfte und Institutionen anzustreben, die das Überleben der westlichen Gesellschaft, wenn nicht gar der Menschheit bedrohen.

Laissez-faire und Freiheitsglaube

Der Wirtschaftsliberalismus des 19. Jahrhunderts prägte das Schlagwort des *Laissez-faire* (lassen Sie machen, lassen Sie laufen, mischen Sie sich nicht ein), um die Wirtschaft vor staatlichen Eingriffen zu schützen. Schon 1707 verfasste Pierre Le Pesant de Boisguilbert eine Denkschrift, in der er empfahl: „Man lasse die Natur machen". Auch in der Kindererziehung solle man auf Regeln und Grenzen verzichten. In der Führung spiegelt sich das wider durch Gewähren-Lassen des Kindes oder des Untergebenen. Dadurch ergeben sich bei den Mitarbeitern viele Freiheiten, die es ihnen erlauben, ihre Arbeit selbständig und individuell zu gestalten. Die Gefahr besteht in der unkontrollierten und unreflektierten oder auch unverbindlich individualistischen Art der Arbeitsbewältigung. In der Kindererziehungspraxis kann das Laissez-faire nur allzu schnell zu Verwahrlosungstendenzen führen.

Diese Vorstellung des Laissez-faire ist aber nicht nur ein Produkt des Wirtschaftsliberalismus, sondern sie hat zum Teil auch ihren Ursprung im Denken freiheitlicher Philosophen, wie bei Jean Jacques Rousseau (1712-1778). „Weder Gewalt noch Drohungen, weder Schmeichelei noch Versprechen erziehen zur menschlichen Freiheit und Verantwortlichkeit. Dadurch verdirbt man den Menschen nur und man hat dann gut sagen: *Seht, so ist der Mensch!*" (Rattner, 1968) Rousseau war es auch, der durch sein freiheitliches Gedankengut die grösste Revolution der Geister und – etwas später – die grosse politische Umwälzung der Französischen Revolution hervorrief. (Rattner 1968).

Konfuzius

Zuletzt noch eine Geschichte des sittlichen Ideals. 500 Jahre vor unserer Zeitrechnung lebte in China der Philosoph Konfuzius. Das Ideal des Denkens bei einem Weisen besteht darin, das richtige Mass halten zu können. Güte vergilt er mit Güte, der Schlechtigkeit begegnet er mit Gerechtigkeit.[20] Indem er seinen Charakter formt, hilft er zugleich anderen, den ihren zu bilden. „Was du selbst nicht wünschst, tu nicht den anderen." Nicht durch Gewalt, auch nicht durch viele Gesetze und Verordnungen, sondern durch die ausstrahlende Kraft

[20] Störig H. J.: Kleine Weltgeschichte der Philosophie. Ex Libris, Zürich, 1961, S. 55

ihres Beispiels Menschen führen und das Vertrauen, die wichtigste Grundlage einer Institution, erhalten zu wollen, ist auch heute noch eine Überlegung wert. Konfuzius wurde nachgesagt, er habe vor allem die Unterwerfung unter die Gewalt des Staates gefordert, ohne die es keine Ordnung gebe. Man verschweigt aber vielfach sein soziales Engagement, welches ihm wichtig war.

Es kann nicht die Absicht sein, die aufgeführten Denker in ein System einzuordnen; sie sollen Anregungen bieten, Führungsstrukturen zu überdenken. Von der Weitsicht einer Führung hängt der Erfolg einer Unternehmung weitgehend ab, ebenso vermittelt sie ein Bild von der Gesinnung eines Menschen.

2.8. Erlebnisberichte: Ängste von Lehrpersonen im Lehrberuf

Im Folgenden kommen Lehrende zu Wort, die von mir gebeten wurden, über ihre Erfahrungen mit Angst im Unterricht oder in Lehrveranstaltungen zu berichten.

Bei meinem Buchprojekt, die Lehrerängste zu thematisieren, hatte ich die Idee, Erlebnisberichte von Lehrern (aller Stufen) einfügen. Ich ging davon aus, dass Angst eine Grundbedingung der menschlichen Existenz bildet. Ich selbst erinnere mich, dass ich als junger Lehrer besonders Angst empfunden habe, wenn ich bei meinen Schülern und Kollegen zu wenig Anerkennung zu spüren glaubte.

Ich stellte mir vor, dass die Angesprochenen in ihrem Beitrag eine Situation schildern können, die ihnen Mühe gemacht hat.

Hier einige Antworten:

Werde ich anerkannt?

Ein Mensch, der von allen geliebt sein will, gleicht einer Billardkugel. Von äusseren Kräften bewegt und gelenkt, stösst sie hier und da an und kann ihre eigene Richtung nicht bestimmen.

In der Klasse, die ich unterrichte, befinden sich Schüler, die es darauf abgesehen zu haben scheinen, mich in Verlegenheit zu bringen, indem sie verdeckt dumme Bemerkungen zu meinem Auftreten machen, über die dann die anderen lachen. Meine Stimme bekommt dann einen energischen Ton. Ich will eigentlich nicht streng und unnahbar gelten, aber wenn mich ängstliche Gefühle überfallen, dann ist es vorbei mit meiner Selbstsicherheit.

Ein Traum

„Ich sitze in der U-Bahn und drei etwa 12 bis 13-jährige Jungen toben herum und machen sich über einige Fahrgäste lustig. Ich habe den Eindruck, ich müsste einschreiten, um dem bösen Tun ein Ende zu bereiten. Ich sollte die Jungen zur Rede stellen und zurechtweisen, aber der Mut fehlt mir, und ein Gefühl der Beschämung stellt sich bei mir ein."

Nach dem Erwachen fragte ich mich, welchen Sinn mein Traum wohl haben könnte. Mir fiel ein, dass ich als Lehrer mit Kolleginnen einmal einen Skiurlaub in den Bergen verbrachte. Eine Kollegin hatte dorthin eine Freundin eingeladen, eine ausgesprochen geistreiche aber auch zum Spott neigende junge Frau. Ich hatte damals regelrecht Angst davor, in ihren Blickpunkt zu geraten und ihren spöttischen Bemerkungen ausgesetzt zu sein. Ich erinnere mich auch an Situationen in meiner Klasse mit ca. 14-jährigen Schülerinnen und Schülern an ähnliche Gefühle.

Zweifel am eigenen Talent

Ich war etwa 20 Jahre im öffentlichen Schuldienst als Lehrerin tätig. Eigentlich konnte ich mir ursprünglich überhaupt nicht vorstellen, jemals diesen Beruf auszuüben. Ich war der Überzeugung, von meiner Wesensart nicht extravertiert genug zu sein, also kein „Talent" zu haben. Schließlich waren es die Weiterbildungsmöglichkeiten, die mir diesen Weg eröffneten. Aber der Zweifel, ob diese Profession die richtige Wahl war, blieb.

Das Schulpraktikum sah damals nicht vor, dass man praktischen Unterricht in einer Schulklasse hielt. Deshalb sah ich mich im Referendariat Mitte der 1980er Jahre zum ersten Mal vor die Aufgabe gestellt zu unterrichten.

Ich war also blutige Anfängerin, als man mir eine 7. Gymnasialklasse mit 28 Schülern zuwies, die ich in Deutsch und Erdkunde unterrichten sollte. Zum Glück hatte ich in dieser Zeit eine Großgruppentherapie-Sitzung miterlebt, in der einer gestandenen Lehrerin zu ihren Nöten gesagt wurde, man solle eine Schulklasse in sich verliebt machen. Nur wen man liebe, für den lerne man. Das leuchtete mir ein.

Meine Anfängerängste bestanden darin, dass ich fürchtete, die Klasse könnte „über Tische und Bänke" gehen. Was mache ich, wenn es turbulent und laut zugeht und ich die Schüler nicht in den Griff bekomme, wenn meine Autorität nicht anerkannt würde? Erst im Laufe der Zeit wurde mir deutlich, wie auf meinen Schülern das Bangen um den Erfolg des Probehalbjahres lastete.

Zudem war ihr Klassenlehrer vom Unterrichtsleben abgekämpft und hatte sich in seiner Not eine unnahbar-zynische Haltung zugelegt, die das Selbstvertrauen der Kinder drückte. Er fand so keinen Zugang mehr zu den 12-Jährigen und war nach kurzer Zeit langzeitkrank. Dadurch war ich in einer vergleichsweise guten Position. Diesen Sachverhalt muss man mitbedenken, denn es war zunächst nicht allein mein eigenes Vermögen, die Kinder auf meine Seite zu bekommen. Ich konnte in diesem Windschatten zu meinen Fähigkeiten finden.

Da ich von den Schülern unerwartet viel Zuwendung erleben konnte, stand ich ihnen nicht in Verteidigungshaltung gegenüber. Ich erinnerte mich an meine eigenen Ängste, die damals der Wechsel auf die höhere Schule für mich mit sich brachte. Durch diese Identifikation und Erinnerung fand ich Zugang zur Situation der Schüler.

Auch bei mir im Unterricht war es oft nicht gerade einfach, wenn ich die Kinder manchmal überforderte oder zu viel Interesse erwartete. Ich erlebte sie dann aber nicht mehr als Gegner, die meinen Unterricht boykottieren wollten. Damit wurde meine Angst vor mangelndem Durchsetzungsvermögen geringer; ich konnte sachlicher an meine Aufgabe als Lehrerin herantreten. Ich begriff, dass es darum ging, die Väterlichkeit, an der es meinem Vorgänger gemangelt hatte, in meiner Person zu entwickeln. Meine Anfangs-Unsicherheit, mit deren schwach-nachgiebiger Haltung ich sicherlich bald gescheitert wäre, wich klaren Strukturen und mütterlich-freundlicher Strenge.

Bald stand ich mit Staunen vor der Klasse, die meine für die damalige Zeit nonkonformen pädagogischen Ansichten über Umgangsformen respektierten: Sie mussten zur Begrüßung aufstehen, ich begann erst zu sprechen, wenn alle aufmerksam waren usw.

Das hört sich nun sehr nach Wunderheilung an. Denn angstfrei war ich nicht und ich war es auch später nie. Es kostete mich immer Überwindung, zu meinen Grundprinzipien vom kooperativen Miteinander zu stehen und mich damit in meiner ganzen Persönlichkeit zu zeigen. Ohne ein Vorbild-Sein-Können wird man im Lehrer- und auch im Psychotherapeuten-Beruf ausgelaugt; denn man kann nicht geben, was die anderen benötigen. Noch heute denke ich mit Dankbarkeit an meine eigenen ehemaligen Lehrer. Manche waren skurril, manche streng. Aber die wenigen, die in meinem Gedächtnis wichtig geblieben sind, waren solche, bei denen ich gespürt habe, dass sie als ganze Person anwesend waren. Das Persönlichkeit-Werden ist nicht selbstverständlich; im Lehrerstudium jedenfalls lernt man es nicht. Hier herrscht der Glaube an die richtige Methode, auf die es ankäme.

Dass der Lehrerberuf mit einer bestimmten Rolle verbunden ist, merkte ich jeweils zu Schulbeginn nach der Ferienzeit. Mit einer gewissen Unruhe und einem unbestimmten Empfinden, als ob ich aus der Lehrerrolle gefallen wäre, betrat ich dann das Gebäude. Mich dem Lehrerzimmer nähernd, wurde mein Schritt kräftiger und schneller: Ich musste Schwung nehmen, um wieder in die Haut des Lehrers zu schlüpfen.

Zur Beziehungsaufgabe kommt die Vermittlung des Unterrichtsstoffes, der in den unteren Klassen nicht zu große intellektuelle Ansprüche stellt. Dazu gehört jedoch Selbstwertgefühl, um nicht auf die Blender hereinzufallen. Solche Schüler haben es in der Regel darauf abgesehen, mit einer Frage oder Äußerung den Lehrer in eine Minussituation und damit in Unruhe zu versetzen und seine Kleinheitsgefühle zu mobilisieren.

Vor allem in höheren Klassenstufen mit gestiegenen intellektuellen Anforderungen und höherem Abstraktionsgrad konfrontiert, stieg meine Furcht wieder, nicht standhalten zu können. Es ist mir bis heute nicht gegeben „Begriffe zu melken“ (A. Adler); abgehobene Theorie ohne sprechende Beispiele waren nie meine Sache. Daher bereitete es mir immer wieder Sorge, ob ich den Unterrichtsstoff bewältigen und adäquat mitteilen könnte. Hier war mein wunder Punkt, der mich schnell innerlich aus dem Gleichgewicht bringen konnte.

Diese aus einem zu hohen Anspruch an Perfektion stammende Angst hat mich immer begleitet. Er zeigt sich in einem Wiederholungstraum: Hinten in der letzten Reihe sitzen erwartungsvoll Schulleiter und Schulrat, die meinen Unterricht beurteilen wollen. – Ich aber stehe noch mit meinem Nachthemd bekleidet vor der Klasse, bin völlig unvorbereitet und versuche verzweifelt, das zu kurze Hemd wenigstens bis zu den Knien zu ziehen.

Aus diesem Traum spricht Ehrgeiz. Tatsächlich bin ich nie in eine annähernd ähnliche Lage geraten. Jedoch das Gefühl zu versagen, nicht gut genug vorbereitet zu sein und für zu leicht gewogen bzw. durchschaut zu werden, begleitete häufig meine „gesamte Schulzeit“.

Auf meine Gefühle und zwischenmenschlichen Fähigkeiten lernte ich bald zu bauen. Meine intellektuelle Grundangst allerdings begleitet mich weiterhin, auch wenn ich heute weiß, dass ich mit meinen Kollegen mithalten kann. Trotzdem: Auch heute noch, wenn ich als Dozentin in Seminaren unterrichte, gerate ich ab und zu in derartige Irritationen. Dann erlebe ich desinteressierte Teilnehmer als unerreichbare Wand, so dass meine Worte abprallen und sozusagen vor mir zu Boden fallen. Das ist eine unangenehme Empfindung, weil die

Verbindung zum Gegenüber abbricht und der „Blick des Anderen“ (Sartre) unser Objektgefühl stimuliert. Wir erleben das gewissermaßen als partiellen Selbst-Verlust, der mit Angst einhergeht.

Fazit: Als Lehrer wird man mit seinen Persönlichkeitslücken konfrontiert und hat damit die Chance über seine Ängste hinauszuwachsen, sofern man die Verantwortung für sich und die Aufgabe annimmt.

Prüfungsängste

Die Prüfungsangst ist mir seit meiner Kindheit bekannt. Wenn ich z.B. in der Primarschule aus Zeitmangel nicht mehr geprüft werden konnte, fiel mir ein Stein vom Herzen, mein Name rangierte nämlich am Ende des Alphabets. Es konnte auch vorkommen, dass meine Hand bei einer schriftlichen Prüfung stark zitterte, was mir grosse Mühe machte, noch leserlich zu schreiben. Trotz allem ging ich sehr gerne zur Schule und nahm mir vor, einmal Lehrerin zu werden. Vielleicht hat dabei die heimliche Liebe zu meinem jungen Lehrer eine nicht unwesentliche Rolle gespielt.

Wenn ich mich heute als Lehrerin auf die kommenden Lektionen vorbereiten muss, überfallen mich manchmal immer noch Ängste, ich könnte nicht genügen. Das Thema ist klar, aber wie vermittle ich es den Schülern und was passiert, wenn Fragen kommen, die ich nicht sofort zu ihrer Befriedigung beantworten kann? Die Vorbereitung zieht sich in die Länge, ich lese dieses und jenes, um jeder eventuell gestellten Frage gewachsen zu sein. Selbst dann muss ich mir sagen, nur ruhig Blut, es wird schon nichts passieren, ich kann mir zum Überlegen Zeit lassen, und zudem ist alles in ein paar Stunden überstanden.

Obwohl mir von vielen Seiten gesagt wird, dass ich meine Arbeit gut mache und die Zeit mit den Schülern auch jeweils gut verläuft, packt mich diese Angst von Zeit zu Zeit wieder wie ein lästiges Anhängsel. Mir ist bewusst, dass ich durch die Nervosität am liebsten dieser Prüfungssituation ausweichen möchte und dass die Herausforderung in meinem Beruf mir die Möglichkeit gibt, aus dem Reich meiner Phantasie herauszutreten, um mich den Schülern und der Welt zuzuwenden.

Angst vor dem Vorgesetzten

Ich fühle mich immer beobachtet, auch wenn niemand da ist, der meinen Unterricht beobachtet. Wenn ich daran denke, dass mich der Rektor kritisieren könnte, beginne ich zu zittern. Ich kann dann zum Beispiel kein Mitgefühl und

Verständnis für einen störenden Schüler empfinden, obwohl ich weiss, dass dahinter seine Erzieher stecken, er also bei seinem asozialen Verhalten nur zum Ausdruck bringt, was er an Irritationen durch sie erfahren hat.

Probleme mit den Eltern

Ich habe in der Klasse einen Schüler, der oft seine Hausaufgaben nicht erledigt. Er ist im Unterricht unaufmerksam, schaut zum Fenster oder reagiert auf jede Störung eines Kollegen. Seine Eltern wollen, dass er im Anschluss an die Sekundarschule die Aufnahmeprüfung an einem Gymnasium macht. Als ich in einem Gespräch mit ihnen darauf hinwies, dass ihr Sohn aller Wahrscheinlichkeit nach in seinem jetzigen Zustand die Aufnahme an ein Gymnasium nicht schaffen wird, gaben sie mir die Schuld. Ich habe grosse Mühe, mit diesem Problem umzugehen und fühle mich zu Unrecht beschuldigt. In der Situation und der Auseinandersetzung mit den Eltern konnte ich meinen Standpunkt nicht adäquat zum Ausdruck bringen.

Wenn Worte ins Leere fallen

Als ich mich nach dem Abitur nicht entscheiden konnte, welchen Beruf ich ergreifen sollte, las ich eine Broschüre vom Arbeitsamt, die mir aber keine Hilfe war. Eine Hilfe war mir dann meine Mutter, die mir vorschlug, Volksschullehrerin zu werden. Nach reichlicher Überlegung nahm ich die Anregung an und begann 1968, Kunst und Biologie für das Lehramt zu studieren. Erste Berührungspunkte mit Schülern hatte ich während eines Praktikums an einer Grundschule. Meine damalige Mentorin schrieb mir später in der Beurteilung, dass ich „von Beginn an guten Kontakt zu den Kinder hatte. Während ihrer Hospitationszeit übersah sie sofort Situationen, in denen sie einspringen und mithelfen konnte." In Wirklichkeit hatte ich aber angenommen, dass es zu meiner recht günstigen Beurteilung kam, weil eine Kommilitonin, die in derselben Klasse unterrichtete, offensichtlich nicht für den Lehrerberuf geeignet war.

Vielleicht stimmt das aber auch so nicht. Diese Annahme gründete darauf, dass ich mich eigentlich bis zu meiner Pensionierung unzulänglich in meinem Beruf gefühlt habe. Der Individualpsychologe Alfred Adler pflegte zu sagen „Vorbereitung ist alles". Diese Vorbereitung aber hat in meiner Erziehung nicht konsequent stattgefunden. Ich stamme aus einer Familie, die mit der von Pablo Picasso gemalten „Seiltänzerfamilie" viel gemein hat. Wie auch auf dem Gemälde waltete in unserer Familie eine Melancholie, die sich in Beziehungslosigkeit und verstummenden Gesprächen offenbarte. Dennoch strebte ich trotz meiner erworbenen Unzulänglichkeiten immer das Gute an und wollte den Schülern helfen, dass sie lernen, sich eine Grundlage für ihr Leben aufzubauen.

In den ersten Jahren war es sehr anstrengend im Beruf Fuß zu fassen. Hatte ich bei mir Unzulänglichkeiten erkannt, versuchte ich sie mit Hilfe von Literatur zu korrigieren. So belegte ich einen Kurs für Sprech- und Stimmtraining oder suchte Anregungen bei Kollegen, die in Büchern Unterrichtsmodelle vorstellten, die sich mehr den Bedürfnissen der Schüler anpassten.

Überwiegend habe ich in Grundschulen als Klassenlehrerin unterrichtet, mitunter wurde ich auch zum Fachunterricht bis zur neunten Klassenstufe eingesetzt. Anders als im Alltagsleben werden von den Kindern in der Schule Verhaltensregeln erwartet, die von ihren bisherig gelernten abweichen. Es hat mich immer sehr viel Kraft gekostet, die nötige Disziplin in den Klassen herzustellen und einzuhalten. So erinnere ich mich an einen Erstklässler, der plötzlich bei einem Klassenausflug auf die Straße lief und trotz mehreren Aufforderungen sich weigerte, auf den Gehweg zurück zu kommen. In dieser Situation fühlte ich mich ohnmächtig, zumal meine Worte ihn nicht erreichten. Zu guter Letzt konnte er noch von der Straße geholt und in den Klassenverband eingeordnet werden. In dieser Situation fühlte ich mich hilflos, aber auch empört. Ängste, die sich in Herzklopfen und Schweißausbrüchen zeigten, überschwemmten mich. Meine Worte hatten kein Gewicht, sie fielen ins Leere. Später hat der Schüler aufgrund seiner sozialen und emotionalen Defizite eine Therapie begonnen, die ihm Halt gab.

Eine andere sehr peinliche Situation war die Entstehungsgeschichte eines Klassenfotos. Auf dem Foto sind nur 15 Kinder zu sehen, die anderen hatten sich auf dem Weg zum Raum des Fotografen aus dem Staub gemacht. Einige Schüler zeigten in ihrer Körperhaltung unmissverständlich ihre Abwehr gegen das Fotografiert-Werden. Wieder waren meine Appelle ins Leere gefallen und offenbarten, dass es mir nicht gelungen war, die Schüler zu einer kooperierenden Einheit zusammen zu schweißen. Ängstlich dachte ich, dass Eltern, Kollegen und Schüler jetzt sehen, dass ich nicht fähig bin, eine Klasse zu leiten.

Waren in Klassen zu viele schwierige Schüler vertreten, unterrichtete ich dort ungern. Als ich einmal einen charakterlich undurchsichtigen Anführer einer störenden Clique während des Biologieunterrichts ermahnte, nicht sich und die anderen abzulenken, weigerte er sich, Folge zu leisten. Schließlich setzte ich ihn vor die Tür, wo er aber weiterhin störte, indem er die Klassentür auf- und zumachte. Wie damals die Situation ausgegangen ist, weiß ich nicht mehr, geblieben ist eine Wut auf die eigene Unvollkommenheit, es wieder einmal nicht geschafft zu haben, einen Schüler zu beeinflussen.

Um letztendlich im Berliner Schulleben, das vielleicht als das schwierigste in Deutschland anzusehen ist, standhalten zu können, holte ich mir psychologische Hilfe. Der Therapeut sagte viel, besonders aber hatte mich überrascht, dass er mir riet, ein Buch über Hundedressur zu lesen. Anfänglich befremdete mich diese Aussage, aber indem ich mich mit dem Thema auseinandersetzte, erfuhr ich, dass es in der Hundeerziehung darum geht, eine unbedingt notwendige Autorität gegenüber seinem Hund aufzubauen; denn nur so kann dieser später selbstbewusst und selbständig werden. Das Gelesene übertrug ich auf die Kindererziehung und verstand, dass es besser ist, durch mehr Autorität, die mit Idealen, Freude und Enthusiasmus gespeist ist, auf die Schüler einzugehen.

Gern erinnere ich mich an Schulklassen, die ich für mich gewinnen konnte. Die Kinder kamen fröhlich in die Schule, der Klassenraum war so gestaltet, dass sie sich wohl fühlen konnten. Das belegen auch Fotografien, die ich mir gerade anschaue. Auf ihnen sind lachende Kinder, die gewitzt, schelmisch, freundlich oder auch berlinerisch-frech in die Kamera schauen, zu sehen.

Zusammenfassend kann ich sagen, dass ich nicht so sehr Angst vor meinen Kollegen oder den Eltern meiner Schüler hatte. Nein, die Ängste bezogen sich darauf, dass ich einige „schwierige" Schüler nicht immer mit Worten erreichte, was aber für den Klassenfrieden notwendig gewesen wäre.

Sich ausgestellt fühlen

Ich kann meine Befürchtungen/Ängste in zwei Kategorien einteilen. Wahrscheinlich interagieren beide miteinander. Jedenfalls haben sie sicher miteinander zu tun. Auch wenn es verrückt klingen mag, am meisten Mühe hatte ich zu Anfang meiner Lehrerlaufbahn, vor einer Klasse stehen zu müssen und alle Augen auf mich gerichtet zu sehen. Ich habe das nie gemocht. Vorträge waren für mich in meiner eigenen Schulzeit immer ein Gräuel. Auch bei meinem letzten Arbeitgeber kann ich mich an Situationen erinnern, bei denen ich vor der Geschäftsleitung oder einem Fachgremium präsentieren musste. Im Vorfeld war ich Begleiterscheinungen von starker Nervosität und schlaflosen Nächten ausgesetzt. Dabei hegte ich immer die Hoffnung, ein Wunder möge geschehen, damit ich die Zeit vor dem Publikum schadlos überstehe. Während der Präsentation zitterten meine Hände, den Laser-Pointer musste ich mit beiden Händen halten, Achselschweiss und Denkblockaden überfielen mich. Die Angst, jemand könnte merken, dass ich nervös bin, versetzte mich in eine bedrückende Stimmung.

Als Lehrer habe ich dieselben Ängste. Ich erinnere mich noch, wie ich Wochen vor meinem ersten Arbeitstag in der Schule einen flauen Magen bekam. Dabei wusste ich gar nicht so recht, vor was ich mich eigentlich fürchtete.

Jemand hat einmal gesagt, die Angst, vor Menschen aufzutreten, ist grösser als die Angst vor dem Tod.

Interessanterweise waren die Ängste nachdem ich die Klassen kennengelernt hatte, meistens fast verschwunden. Die Klasse hatte ein «Gesicht» bekommen. Ich konnte die Lernenden einordnen. Meine schlimmsten Befürchtungen haben sich so nie bewahrheitet. Es war nie so schlimm wie ich es mir ausgemalt hatte. Das bedeutet nicht, dass ich keine schwierigen Situationen erlebe. Die Situationen sind aber konkret und einschätzbar. Lange noch hatte es mir Mühe gemacht, wenn ich in den Ferien vor dem neuen Schuljahr neue Klassen bekam. Dieses diffuse Gefühl hat sich zum Glück abgeschwächt.

Ärgerliche Gefühle

Ich befinde mich in der Ausbildung zur Sekundarlehrerin. Dazu gehört ein Praktikum, welches ich im Moment absolviere. Ich will es dem meistens anwesenden Lehrer recht machen, aber selbst wenn er nicht im Unterricht anwesend ist, überfallen mich Ängste, es könnte etwas schief laufen. Ich ärgere mich oft über die Schüler und bin dann streng mit ihnen. Besonders wenn sie unruhig werden, nervt mich das. Meistens knalle ich die Türe zu Anfang der Lektion laut zu, um Ruhe zu haben. Das wirkt allerdings nur kurz. Da habe ich sie energisch zurechtgewiesen. Ich wünschte mir, die Schüler würden mir mehr entgegenkommen. Ich selber habe aber Angst, mit ihnen mehr in Kontakt zu kommen, weil ich finde, ich könnte sie bedrängen.

Gefühlsirritation

Das Leben in der Schule, in der ich jetzt unterrichtete, scheint völlig umgedreht. An der vorherigen Stelle war das Klima in der Zusammenarbeit unter Kollegen freundlich und grosszügig gewesen, hier nun weht ein kalter Wind. Alles regelt der Schulleiter, er bestellt sogar das Klopapier, was so hart ist, dass man befürchten muss, sich wund zu kratzen. Auch schrecklich, wenn man abends nicht einschlafen kann, weil einem trübe Gedanken und Befürchtungen aller Art überfallen. Das hatte ich vor kurzer Zeit noch gar nicht.

Wenigstens die Schüler gleichen sich, da kann ich keinen grossen Unterschied feststellen zu vorher. Sie haben so ihre Mühe mit dem Lernen. Aber die neuen Kollegen scheinen sich der strengen Führung ihres Chefs unterworfen zu haben. Der Dialog kennt nur diesen einen Sprechenden – keinen Zuhörenden. Zuhörende sind die anderen, die sich im Grunde nur beeilen, zuzustimmen. Wo bleibt da die eigene Persönlichkeit? Kann ich hier überhaupt meine Vorstellungen von Schule an den Mann bringen?

Etwas plagt mich auch gewaltig: Ich fühle mich beobachtet, wie wenn die Kollegen ahnen würden, dass da einer ist, der sich dem bestehenden *Teamgeist* noch nicht unterworfen hat. Dabei hat es eine Zeit gegeben, die sich gegen alles Autoritäre zur Wehr setzte. Ist denn nichts davon in diese Schule eingedrungen? Wo bleibt die Dialogfähigkeit, wenn es darum geht, Lösungen für die vielfältigen Probleme einer Schule zu finden? Vorschläge der Kollegen sehen aus, wie wenn sie vorerst einer Feinwäsche unterzogen wurden, wie wenn sie abgestimmt seien mit dem Obersten, chemisch gereinigt und frei von schädlichen Zutaten.

Zum Glück habe ich in der Klasse meine Schüler, denen ich ohne Dreinreden anderer so begegnen kann, wie ich glaube, dass es ihnen bekommt. Vermeiden möchte ich vor allem, dass meine Schüler später von der Schulzeit so reden, wie ich es vor kurzem in einer Gesellschaft erlebt habe: da hörte ich eine Abneigung heraus, die ich mir bei meinen Schülern nicht wünsche. Auch sehe ich nicht das Ziel meiner Bemühungen darin, gute Unteroffiziere und brave Bürger zu erziehen. Sie sollen gebildete und menschliche Wesen werden, die den Fortschritt in jeder Beziehung fördern und voller Achtung und Stolz davon sprechen, was die Schule ihnen auf ihrem Lebensweg hat mitgeben können.

Seit einigen Tagen geht in mir etwas vor, das kann ich noch nicht begreifen. Etwas Aussergewöhnliches passiert, wenn ich auf meinem Schulweg mit dem Auto über ein Stück Autobahn fahre. Dieses Wegstück bietet keinerlei Ausweg, da es zum Schutz vor herumlaufenden Wildtieren eingezäunt ist. Mich überfällt eine diffuse Angst, die mir nahelegt, einen kleinen Umweg über gewöhnliche Landstrassen zu machen, die von Häusern und Gärten umsäumt sind. Auch Menschen gehen zu Fuss einher. Das macht mich sicherer. Ich habe hin und her überlegt, welchen Zusammenhang das mit meiner Lebenseinstellung haben könnte. Ist es vielleicht ein Symptom für die Gefühlsirritation, die ich zurzeit in der neuen Schule erlebe? Mir scheint, der direkte Weg sei mir versperrt, und ich müsse wie auf der Fahrbahn einen Umweg einschlagen. Bei der Fahrt zur Schule geht es um die Vermeidung der Angst, aber um was geht es in der Schule? Ein guter Freund von mir befasst sich beruflich mit solchen Fragen. Als ich ihm von den Ängsten beim Fahren erzählte, meinte er, der Zusammenhang mit der neuen und noch nicht gelösten Zusammenarbeit könne durchaus Ängste hervorrufen, denn schliesslich sei der Mensch *nicht aus Holz.*

Ängstliche Erwartungen

Ich habe vor einigen Tagen eine neue Kindergartenklasse übernommen. Von den 14 Kindern sind 5 darunter, die schon ein Jahr kommen. Das ist ein Trost für mich, denn ich fühle mich überfordert bei dem Gedanken, die neuen Kinder einführen zu müssen. Am Sonntag vor der Übernahme der Klasse war ich so nervös, dass ich Durchfall bekam. In der Nacht plagten mich Albträume. Im Traum versuchte ich verzweifelt, einigen Verfolgern zu entkommen, aber es war mir nicht möglich, mich genügend schnell fortzubewegen. Als ich dann aufwachte, hatte ich starkes Herzklopfen, es ging mir nicht gut. Als ich gestern eines der älteren Mädchen gewinnen wollte, einem anderen neuen Mädchen zu helfen, die Schuhe zu binden, weigerte sie sich und sagte, immer müsse sie denen helfen, die sollten doch das alleine machen. Es hat mich geärgert, dass sie nicht so tut, wie ich es haben möchte. Ich fühlte mich im Stich gelassen und hatte das Gefühl, ich müsse alles alleine machen. So schön stelle ich mir das vor, dass alle einander helfen, und dieses Mädchen macht mir einen Strich durch die Rechnung. Aber dann kommen mir doch auch Zweifel, ob ich die Kinder nicht überfordere, denn schliesslich habe ich ja die Führung.

Selbstzweifel

Mich plagt der Gedanke, dass ich nie eine Lehrerausbildung abgeschlossen habe. Trotzdem kann ich in einer Privatschule für Schwererziehbare arbeiten. Die Arbeit mit diesen schwierigen Schülern, die zum Teil einiges ausgefressen haben und sich jetzt in einer Ausbildung bewähren sollen, gefällt mir gut. Mit manchen Jugendlichen habe ich sogar Erfolg. Dazu tragen meine kaufmännische Ausbildung und mein Psychologiestudium bei. Aber immer wieder verfolgt mich der Gedanke, ich wüsste eigentlich gar nicht, wie man unterrichtet, obwohl ich als Heilpädagogin angestellt bin. Wäre ich eine *ordentliche* Pädagogin, würde ich sicher noch viel bessere Erfahrungen sammeln können.

Auch Hochschullehrer haben Ängste

Ich bin Psychotherapeutin und unterrichte nebenberuflich an verschiedenen Universitäten und Fachhochschulen. Auch in einem psychotherapeutischen Ausbildungsinstitut bin ich als Dozentin tätig. Wissenschaftliche Tätigkeit hat mich immer wieder intensiv beschäftigt und begleitet mich bis heute. Ich habe promoviert und mich habilitiert.

Äußerlich gesehen war und bin ich mit meiner Lehrtätigkeit erfolgreich. Es gibt oft positive Rückmeldungen und die Studenten lernen gern bei mir. Ich selbst nehme mich allerdings anders wahr und fühle mich viel unsicherer, als es nach außen hin erscheint und als andere mich erleben.

Ich erachte das Lehren insgesamt als eine produktive Tätigkeit, die eine Aufforderung für die persönliche Weiterentwicklung bereithält. Dass ich trotzdem nicht intensiver in die Lehre eingestiegen bin, hat vermutlich auch mit Ängsten zu tun, die mich im Zusammenhang mit dem Unterricht und mit der Vorbereitung auf ihn immer wieder einholen.

Meine Angst macht sich hauptsächlich an der Vorstellung fest, den Anforderungen nicht gerecht werden zu können und nicht genügend fundiertes Fachwissen zu haben. Immer wieder fürchte ich, mich zu blamieren, wenn ich vor die Studenten trete. Ich befürchte, dass Fragen gestellt werden, auf die ich keine Antwort weiß und dass ich innerlich so blockiert sein könnte, dass ich den roten Faden und die Konzentration verliere. Können die Studenten mich dann noch als Fachautorität akzeptieren? Ich erlebe diese Angst als Beschämungsangst, als Schamgefühl aber auch als Gewissensangst, als ein quälendes Schuldgefühl.

Im Vorfeld des Unterrichts plagen mich häufige Albträume. Ein immer wiederkehrendes Traummotiv ist: Ich muss in einem Hörsaal eine Vorlesung halten und stehe vorn vor den Studenten. Auch andere Hochschullehrer sitzen in der Vorlesung und ich muss ihnen gegenüber Rede und Antwort stehen. Ich will beginnen und merke, dass ich mein Manuskript vergessen habe oder dass die vorbereiteten Seiten leer sind und ich im Lernstoff schwimme. Manchmal träume ich auch, dass ich den Weg zum Hörsaal nicht finde oder dass ich mich in der Zeit geirrt habe und viel zu spät komme. Nach diesen Träumen erwache ich meist mit starken Angstgefühlen.

Meine Angststimmung führt dazu, dass ich sehr viel vorbereite. Ich sitze an Wochenenden und in den Ferien an den Vorlesungsfolien und Seminarvorbereitungen, um möglichst gut gewappnet zu sein. Oft sind meine Ausarbeitungen viel zu gründlich und die Präsentationen zu lang. Oft geht es gut, aber manchmal läuft es doch ganz anders als ich denke. Es ist unmöglich, alles durch Vorbereitung vorwegzunehmen, und es kommen manchmal Fragen auf, die mich schmerzlich mit meinem Nichtwissen konfrontieren. Am schlimmsten erlebe ich Anmerkungen und Kritik von Studenten, die monieren, dass meine Ausführungen zu wenig wissenschaftlich seien oder dass die Fachliteratur nicht aktuell genug ist. Sehr unsicher fühle ich mich auch im Umgang mit der Technik, die in den Hochschulen in unserer digitalisierten Welt eine immer größere Rolle spielt. Wenn die Technik nicht funktioniert, beschleicht mich das Gefühl, dass ich nicht in den Zeitgeist passe und dass ich den Anschluss verpasst hätte. Oft habe ich auch Sorge, mit anderen Lehrenden nicht mithalten zu können, die mehr Zeit zum Forschen haben und sich stärker auf die Lehre konzentrieren können.

Der innere Druck ist für mich in den Phasen, in denen ich unterrichte, so hoch, dass ich mit psychosomatischen Symptomen reagiere. Ich leide dann unter Schlafstörungen, Schwindelattacken oder schmerzhaften Entzündungsreaktionen.

Das hört sich alles recht schwierig und belastend an. Was motiviert mich dennoch immer wieder trotz des Stresses zu lehren und mich mit wissenschaftlicher Arbeit zu befassen? Es gibt so etwas wie eine innere Aufforderung in mir, dass das Lehren etwas Wichtiges und Sinnstiftendes sei, dass man nicht nur etwas weitergeben, sondern auch selbst sehr viel lernen kann. Denn gerade, wenn wir mit unseren eigenen Wissenslücken konfrontiert sind, bedeutet dies einen Anreiz dazuzulernen, dem man sich schwer entziehen kann. Ich empfand diese Thematik so zentral, dass ich mich auch wissenschaftlich damit beschäftigte. Dies hat mir geholfen, meine Angst zu relativieren und besser damit umzugehen.

Ein anderes Motiv mag ein eher persönliches sein, das in meiner Lebensgeschichte wurzelt und in engem Zusammenhang mit meinem Lebensstil stehen könnte:

Mein Vater, den ich bis heute sehr hoch schätze, arbeitete als Professor an einer Universität. Er wurde schon in meiner frühen Kindheit ein Vorbild für mich, das wegweisend war. Durch die Identifikation mit ihm und seinen Werten habe ich sehr hohe Ansprüche in mir aufgerichtet, an die ich meine, nicht heranreichen zu können. Schon als Kind hatte ich häufig das schmerzliche Gefühl, den Anforderungen meines Vaters nicht gerecht werden zu können. Ich habe mir später in meinem Leben andere vorbildhafte Vaterfiguren gesucht und in der Beziehung zu ihnen ähnliche Gefühle erlebt, aber gleichzeitig auch viel Förderung und Ermutigung erfahren.

In zwei meiner frühen Kindheitserinnerungen bildet sich die Hochschätzung meines Vaters ab: Ich stehe als kleines Mädchen neben ihm und seiner schweren Aktentasche, die er vor sich auf den Boden gestellt hat. Ich schaue bewundernd an meinem Vater hoch und versuche, die vor ihm stehende Aktentasche anzuheben. Ich schaffe es kaum sie zu bewegen, weil sie furchtbar schwer ist.

In einer anderen Erinnerung nimmt mich mein Vater auf seinem Fahrrad mit in die Universität. Ich bin sehr stolz und sitze auf dem Weg ins Institut vorn auf seiner Fahrradstange.

Ich frage mich manchmal, ob meine Angst und Hemmung im Bereich des Lehrens auch auf ein *unbewusstes Schuldgefühl* meinem Vater gegenüber zurückgehen könnte. So als würde es mir nicht zustehen, in seine Fußstapfen zu treten und ähnlich erfolgreich zu werden wie er. Vielleicht sogar auch deshalb, weil ich in meinem Verständnis des Frauseins das Expansive eher zu vermeiden geübt habe. Oder ist es, viel schlichter, nur ein *Mangel an Training und Routine*?

Neulich las ich angesichts einer bevorstehenden Athen-Reise Freuds Aufsatz: *Eine Erinnerungsstörung auf der Akropolis*, den er 3 Jahre vor seinem Tod im Londoner Exil für eine Festschrift zum 70.Geburtstag von Romain Rolland geschrieben hat. Bei Freuds Deutung seiner eigenen Erinnerungsstörung, die ihn überkam, als er zum ersten Mal die Akropolis besuchte, vermutete er als Motiv, dass er innerlich nicht richtig präsent sein konnte, weil ihn ein *unbewusstes Schuldgefühl* seinem Vater gegenüber blockierte. Er führte dies auf seine ödipale Ambivalenz dem Vater gegenüber zurück.

Im Text heißt es: „Es muss so sein, dass sich an die Befriedigung, es so weit gebracht zu haben, ein Schuldgefühl knüpft; es ist etwas dabei, was unrecht, was von alters her verboten ist. Das hat mit der kindlichen Kritik am Vater zu tun, mit der Geringschätzung, welche die frühkindliche Überschätzung seiner Person abgelöst hatte. Es sieht aus, als wäre es das Wesentliche am Erfolg, es weiter zu bringen als der Vater, und als wäre es noch immer unerlaubt, den Vater übertreffen zu wollen." (Freud: 1936. StA. Bd. IV, S. 292)

Ich war beeindruckt von Freuds Offenheit und seiner aufrichtigen Selbsterforschung, die er bis zu seinem Lebensende aufrecht erhielt und uns Lesern zugänglich gemacht hat.

Insgesamt ist meine Angst über die Jahre milder geworden, ich habe eine gewisse Routine erworben und kann auch innerlich auf einige gute Erfahrungen zurückgreifen. Eine wichtige Rolle dabei spielten Ermutigung und Anregung durch intensiven Austausch mit anderen Lehrenden und Kollegen. So meine ich heute angesichts meiner Ängste, meiner Lebensgeschichte und meines Lebensstils, insgesamt einen recht guten Kompromiss gefunden zu haben, der es mir möglich macht, trotz Ängstlichkeit an meinen Zielen und Vorlieben festzuhalten.

Unsicherheit im Umgang mit Schülerinnen

Ich unterrichte als junger Lehrer an einem Gymnasium. Die Hälfte der Klasse setzt sich aus weiblichen Schülern zusammen. Darunter hat es Mädchen, die ihre fraulichen Reize ausspielen, auch mir gegenüber. Das macht mich oft unsicher, und ich gerate dann in eine Abwehrhaltung, besonders bei zwei von ihnen. Ich möchte aber alle gleich liebenswürdig behandeln, doch meine Befürchtungen, in Verdacht zu geraten, etwas im Umgang mit den Schülerinnen könnte nicht sein, wie es sollte, lässt mich streng werden. Meine Befürchtungen werden dadurch noch genährt, dass in der letzten Zeit in den Medien immer wieder über sexuelle Belästigungen geschrieben wird.

Ich habe gelernt, dass die Einstellungen zu anderen Menschen etwas mit dem eigenen Werdegang zu tun haben. Eine Erklärung, warum ich gerade beim anderen Geschlecht so zugespitzt reagiere, obwohl ich mir nichts vorzuwerfen habe, könnte mit meinem eher prüden Elternhaus zusammenhängen, wo nie über Sexualität gesprochen wurde. Obwohl ich dieses Faktum erkenne, fällt es mir doch schwer, unbefangen zu reagieren.

Angst oder Mitleid

Eine junge Lehrerin bespricht in der Gruppentherapie ihre Angst zu versagen.

Lehrerin: Ich habe grosse Angst, dass ich in der Schule mit meinen Schülern nicht mehr zurechtkomme. Ich bin Klassenlehrerin eines ersten Schuljahres. Einige Kinder meiner Klasse sind recht schwierig. Sie stören den Unterricht und ich konnte sie nicht beruhigen. Sie nehmen mir praktisch den Unterricht aus der Hand. Ich habe Angst, ich schaffte es nicht zu unterrichten.

Therapeut: Sie haben Angst vor den Kindern, die sich nicht einfinden können? Wozu haben Sie Angst?

Lehrerin: Ich bekomme Angst, wenn einige Kinder herumschreien oder in der Klasse herumlaufen. Am liebsten würde ich dann davonlaufen.

Therapeut: Sie sollten nicht davonlaufen wollen, nicht Angst haben. Im Gegenteil, Sie haben Mitleid mit dem Schüler, der unruhig ist, der nicht sitzen bleiben kann, der nicht lernen kann, der Unruhe stiftet. Da müssen Sie Mitleid haben. Das ist ja zum Weinen, das ist der Arme, oder wie sehen Sie das?

Lehrerin: Verstandesmässig ist es mir schon klar, dass er der Arme ist, aber in der Situation überfallen mich dann doch die Ängste; ich fühle mich in diesem Moment hilflos. Ich weiss dann nicht, wie ich ihm helfen kann. Meine Aufgabe ist es ja, den Kindern etwas zu vermitteln.

Therapeut: Was glauben Sie, wie Sie ihm helfen können? Wenn ein Schüler stört, was denken Sie, was kann man da machen?

Lehrerin: Ich denke, ich sollte versuchen, ihn zu verstehen. Vielleicht sollte ich mit ihm sprechen.

Therapeut: Ja, mit ihm sprechen. Indem Sie sich ihm zuwenden und ihn anerkennen. Wir müssen davon ausgehen, dass er die Anerkennung im Elternhaus nicht bekommen hat. Sie anerkennen ihn dann und überzeugen ihn, wie gern Sie ihn haben. Wenn Sie mit ihm sprechen, dann sagen Sie ihm, dass Sie staunen, warum er so tut, warum er unruhig ist, dass er wie die anderen Kinder auch lernen kann. Laden Sie ihn ein, er könne auch am Nachmittag bleiben. Sie würden ihm genau zeigen, wie man die Buchstaben schreibt und wie man rechnet. Bestellen Sie ihn einmal an einem Nachmittag. Er traut sich das Lernen nicht zu. Er denkt, er kann es nicht. Mit diesen Gedanken kommt er in die Schule, dass er es nicht kann. Sein älterer Bruder und die jüngere Schwerster, hat man ihm gesagt, die können es sehr gut und er sei der Dumme. Der Vater meinte es gut mit ihm. Er wollte erreichen, dass sein Sohn tüchtig wird und das Leben meistert. Wir glauben immer noch, durch Kritik könnten wir unsere Kinder fördern. Das ist nicht nur dieser Vater, in einer autoritären Gesellschaft machen das fast alle falsch, sodass der Bub dann später als Erwachsener immer noch darunter leidet, er sei dumm.

Kürzlich kam ein Mann in die Therapie und weinte, weil er als Bub darunter gelitten hat, dass der Vater beim Vokabeln Lernen hinter ihm stand; wenn er einen Fehler machte, wurde er beschimpft. Heute wirkt sich sein Schwächegefühl überall aus. Er kann auch nicht mit seiner Frau richtig kommunizieren, weil er stets denkt, er müsse Recht behalten und dürfe sich keinen Fehler leisten. So sieht das aus und das sind die Folgen unseres Unverständnisses in der Erziehung.

Ihr Schüler ist deshalb so unruhig, weil er solche Erlebnisse zu Hause gemacht hat. Sie versuchen, ihm seine Meinung zu nehmen, dass er nicht lernen kann. Das wird Ihnen gelingen, wenn Sie sich das vornehmen. Machen Sie sich keine Sorgen, haben Sie keine Angst, es passiert nichts. Je ruhiger Sie sind, desto besser ist das. Sie regen sich nicht auf. Wir werden das dann weiterhin besprechen.

Notizen zu den Briefen über Lehrerangst

Jean Paul Sartre schreibt in *Die Wörter*: „Was ich soeben geschrieben habe, ist falsch. Ist richtig. Ist weder falsch noch richtig. - Ich habe die Tatsachen so genau mitgeteilt, wie mein Gedächtnis es zuliess."

Wenn wir unsere Empfindungen äussern, ist das die Wahrheit des Augenblicks. Bei Sartre entspricht das seiner Vorstellung vom Entwicklungsgesetz des Denkens. Manches bleibt uns in Erinnerung, manches wandelt sich, wie auch wir uns im Verlaufe unseres Lebens wandeln. Alle Äusserungen sind zwar nicht nur Momentaufnahmen unserer Gefühle und Einstellungen, sie sind auch Abbilder unserer Gangart, die wir uns seit Kindheitstagen aneigneten. Jede Aussage verweist immer auf ein Ganzes. Wenn ein Mensch sich wahrnimmt, und wenn er versucht, seine Natur zu erfassen, so schieben sich nicht nur die Schranken der Dinge weiter hinaus, sondern er kreiert sich selbst.

Wenn ein Mensch seine Ängste schildern kann, dann ist das ein grosser Gewinn, der gegensätzlich zum Narzissmus ausgerichtet ist. Besonders in unserer Zeit, in der alles machbar sein muss, wo grenzenloses Wachstum als Parole verkündet wird, wo der arbeitende Mensch im Arbeitsprozess keine Schwächen zeigen darf und sich möglichst *gut verkaufen* soll, bedeutet dieses Wahrnehmen eigener Befindlichkeiten eine Befreiung aus dem Konflikt, so zu sein, wie man ist oder wie man in den Augen unserer neurotischen Gesellschaft sein sollte. Der Mut, zu sich zu stehen, ist eine Voraussetzung für jede individuelle Entwicklung und ein Heilmittel für alle neurotischen Störungen. Auch in der Psychotherapie wird der Entfremdung des Selbst entgegengearbeitet, sodass das bedrohte, gehemmte und überforderte Selbst gesünder, freier und ehrlicher leben kann.

Die Anfrage an Lehrpersonen zur Mitgestaltung meiner Arbeit wurde fast immer freundlich und zustimmend beantwortet; erstaunlich immerhin, wenn man bedenkt, wie wenig unsere Gesellschaft Offenheit honoriert und wie sehr das Ideal der Stärke und Funktionstüchtigkeit überwiegt. Wenn Menschen fähig sind, sich über ein leeres Blatt Papier zu beugen, um Gedanken zu Worten und Sätzen zu ordnen, und so Überblick und Distanz zu den Befürchtungen und Ängsten zu gewinnen, die mit ihrer Tätigkeit als Lehrperson einhergingen und -gehen, dann ist das Spiel gewonnen gegen die herrschenden sadomasochistischen Tendenzen, die krank machen. Mein Dank und meine Hochachtung gilt denen, die diesen Zustand des *Als-Ob* durchschauen, und damit einen Beitrag zur Prophylaxe eines gesünderen Zusammenlebens leisten.

2.9. Vermeidens-Strategien bei Angst

Zum Seelenleben eines jeden Menschen gehört das Streben nach Sicherheit. Man möchte vor allem Angst vermeiden, denn das ist ein Zustand enormer Anspannung. Alfred Adler: „Die Richtung der seelischen Bewegung zielt immer auf eine millionenfach verschiedene Überwindung von Schwierigkeiten aller Art, hat also ein Ziel der Vollkommenheit, der Sicherheit, der Vollendung." Je grösser die Unsicherheit dem Leben gegenüber ausgeprägt ist, desto dringender wird das Bedürfnis nach Absicherung und Vermeidung. Das geht auf Kosten der Freiheit in der Auseinandersetzung mit allen Situationen des Lebens, wobei die Wirklichkeit verzerrt wahrgenommen wird. Wenn wir uns aber im Leben zurechtfinden wollen, erfordert das von uns Spontanität und Aufgeschlossenheit. Menschen, die in ihrer Angst Situationen vermeiden gelernt haben, schützen sich zumeist unbewusst vor Herausforderungen mit Hilfe von:

- Projektionen:

Dabei werden die eigenen Schwächen auf andere Menschen verlagert, wobei diese dann bei denen abgelehnt und bekämpft werden. Damit soll das interpsychische Gleichgewicht aufrechterhalten bleiben, was jedoch die Beziehungen zu anderen belastet.

- Verdrängungen:

Hierbei sollen die als bedrohlich empfundenen Ereignisse abgewehrt werden, um das eigene Selbst zu erhalten. Alle Gefühle, die eine Verkleinerung des Selbstwertes bedeuten könnten, werden verscheucht und niedergehalten. Dazu gehören Affekte, unangenehme Gedanken, Wertungen, Triebe etc. Es werden Hindernisse konstruiert, die es angeblich dem irritierten Menschen verunmöglichen, sich dem wirklichen Leben zu stellen.

- Rationalisierungen:

Demgemäss werden für unvernünftige Aktionen annehmbare und akzeptable Begründungen gesucht. Der Eindruck soll erweckt werden, dass das Handeln einer Logik entspricht, die eine höhere Ebene betreffe. Dabei werden meistens gefühlsmässige Anteile unterbewertet.

Die Lebensaufgaben der Liebe, der Arbeit und der Verbundenheit mit der Welt können bei allen drei Angstreaktionen nicht vollumfänglich gelöst werden. Adler weist darauf hin, dass letztlich nicht das Streben nach Sicherheit, sondern ein überproportionales Minderwertigkeitsgefühl und Angst die wahre Ursache für psychische Störungen aller Art sind.

Die Auswirkungen der Vermeidens-Haltungen sind vielfältig.

Ein Beispiel aus dem Schulalltag soll verdeutlichen, wie sich Vermeidens-Tendenzen auswirken können:

Ein Lehrer möchte seine Schüler gerecht und respektvoll behandeln. Er hat jedoch in seiner Klasse Schüler, die diesen Ton von Haus aus nicht gewohnt sind. Sie legen ihm seine Art des Umgangs als Schwäche aus und stören. Damit kann unser Lehrer nicht umgehen. Er stellt sich auf den Standpunkt, dass man der Jugend zu ihrer Entwicklung Chancen einräumen müsse, und dazu gehöre eine grosszügige Haltung. Er verdrängt dabei sein Ohnmachtsgefühl und kann so den schwierigen Schülern nicht weiterhelfen. Das kommt einem Rückzug gleich. Er kann nicht zu seinen Werten stehen und diese schon gar nicht durchsetzen oder sie seinen Schülern vermitteln, was eigentlich sein erzieherischer Auftrag wäre.

In der Folge sollen Sicherungs-Tendenzen erwähnt werden, die den Zusammenhang von Lebensbewältigung und Verdrängung zeigen. Eine allzu grosse Tendenz, sein Leben nach allen Seiten absichern zu wollen, mit dem *Endzweck der Erhöhung der Persönlichkeit,* muss im Unbewussten und unverstanden bleiben, da sie im Gegensatz zur Wirklichkeit steht.

Die Charakterhaltungen *Misstrauen, Scham oder Zaghaftigkeit* stehen ebenso wie die *Zwänge* (Kontroll-, Reinigungszwang etc.) in einem auffälligen Widerspruch zur Verbundenheit mit anderen Menschen.

Ein Mensch, der eine *perfektionistische Haltung* verfolgt, empfindet Angst vor dem eigenen Versagen und vor der Kritik anderer; in ausgeprägter Form kann dieses Unzulänglichkeitsgefühl zu völligem Versagen führen.

Überaktive Personen hetzen von einer Sache zur anderen. Sie können nicht bei einer Sache lange verweilen oder genügend darüber nachdenken. Schon sind sie bei einem nächsten Gegenstand. Lehrpersonen mit dieser Tendenz können nur wenig Geduld aufbringen, wenn Schüler nicht so schnell vorwärtsstreben, wie sie es sich vorstellen. Dahinter verbirgt sich eine enorme Unsicherheit, das Leben bewältigen zu können. Das Vertrauen in die eigenen Fähigkeiten fehlt, man gönnt sich keine Ruhe.

Steht die *Perfektion* im Mittelpunkt des Geschehens, treten ähnliche Schwierigkeiten im Umgang mit anderen auf. Anspannung und Aktivismus sind auch hier spürbar. Der Vergleich mit anderen fällt meistens für die eigene Person ungünstig aus. Man kann nicht loslassen und sich entspannen. Grosse Leistungen werden bei dieser Haltung kaum zu erreichen sein. Toleranz und Grosszügigkeit fehlen. Nie ist eine Sache genügend, immer ist noch etwas nicht vollkommen. Ein Lob bleibt deshalb oft aus, da es andere verleiten könnte, in ihrem Streben nach Höherem nachzulassen.

Eine andere Art des Vermeiden-Wollens spiegelt sich in der *Bagatellisierung* und im *Generalisieren* von Situationen. Alles wird nicht so ernst genommen und, so die Aussage, jeder hat doch Angst.

Das *Hinausschieben* der Arbeit, die erledigt werden müsste, ist eine grosse Verschwendung von Energie. Man kann sich nicht aufraffen und schleppt die Entscheidung hinaus. Anstatt z. B. die Prüfungsaufgaben der Schüler zu korrigieren, werden diese vor sich her geschoben. Alle anderen Verrichtungen dienen der Ablenkung, man beschäftigt sich mit allem möglichen, nur nicht mit den Korrekturarbeiten. Diese werden mit der Zeit zur Qual und werden als überdimensional erlebt. Man beklagt sein Schicksal und jammert, in der Hoffnung, jemand möge kommen und die lästige Arbeit übernehmen. Das Ausweichen ist weit verbreitet und umfasst alle erdenklichen Spielarten: Gartenarbeit, Aufräumen, Steuererklärung, Brief schreiben, einen heiklen Telefonanruf erledigen - die anstehende Arbeit wird auf die lange Bank geschoben, aber die Stimmung ist dabei im Keller. In fast allen Fällen spielt die Verwöhnung dabei eine entscheidende Rolle, bei der man in der Kindheit daran gewöhnt wurde, die Arbeit anderen zu überlassen.

Als schwerwiegendere Ausweich-Tendenzen gelten *Alkohol- und Drogensucht sowie Medikamentenmissbrauch* (Beruhigungs- und Aufputschmittel).

Alle Fehlanpassungen bedeuten ein Versagen bei der Bewältigung von Lebensaufgaben und führen zwangsläufig zum Scheitern. Gelungene Anpassung im Rahmen einer sinnvollen gemeinschaftlichen Lösung (keinesfalls Unterordnung) ist stets ein Streben nach Fortschritt für den Einzelnen wie für die Menschengemeinschaft. Das kann nur erreicht werden, wenn Individuen die soziale Natur des Menschen erkennen und in ihrem Tun und Denken berücksichtigen. Die soziale Verflechtung eines jeden Menschen ist die Voraussetzung für Normalität und Entwicklung. Wenn jedoch ein Gefühl der Abwehr und Gegnerschaft in der Auseinandersetzung mit anderen dominiert, erschwert das die Solidarität und Verbundenheit.

In jüngster Zeit werden vermehrt *Rückzugs-Tendenzen* diagnostiziert, die infolge von Stress und Leistungsdruck auftreten können und bis zu Burn-out, Depression und Suizid reichen. Es gibt Berufe, die besonders dazu prädestiniert scheinen, in diese Falle zu geraten; erwähnt werden vor allem Manager, Piloten, aber auch Lehrpersonen. Das Prestigedenken, vornehmlich bei Männern angesiedelt, macht es Ärzten und Psychologen schwer, das Problem anzusprechen. Man kann gewiss sein, dabei auf nicht geringen Widerstand zu stossen.

3. Verschiedene Betrachtungsweisen der Angst

Nur wer verzagt das Steuer loslässt,
ist im Sturm verloren.
E. Geibel

> Als Frau Irene die Treppe von der Wohnung ihres Geliebten herabstieg, packte sie mit einem Male wieder jene sinnlose Angst. Ein schwarzer Kreisel surrte plötzlich vor ihren Augen, die Knie froren zu entsetzlicher Starre, und hastig musste sie sich am Geländer festhalten, um nicht jählings nach vorne zu fallen.[21]

So beginnt die Novelle „Angst“ von Stefan Zweig. Eine verheiratete Frau wird beschrieben, die befürchtet, ihre Untreue könnte entdeckt werden. Auf dem Weg von dem Geliebten nach Hause stieg die Angst „fröstelnd auf, dies andere geheimnisvolle Grauen, (nun) wirr gemengt mit dem Schauer der Schuld und jenem törichten Wahn, jeder fremde Blick auf der Strasse vermöchte ihr abzulesen, woher sie käme, und mit frechem Lächeln ihre Verwirrung erwidern.“

Noch bevor ich einige Theorien der Angst beschreibe, werde ich versuchen, die vermeidbaren Ängste etwas ins Licht zu rücken. Besonders für die Pädagogik kann diese Betrachtung der Angstvermeidung wertvoll sein.

Ängste, die wir vermeiden könnten, entspringen Situationen, in denen wir nur wenig oder keinen Überblick über die Motive und Folgen haben, die in den Handlungen liegen. Dazu kommt ein Gefühl der Schwäche, welches es uns

---

[21] Zweig, Stefan: Angst. Fischer TB, Frankfurt a.M., 2005

erschwert, mutig eine Lösung zu suchen. Bald einmal scheinen wir den Situationen gegenüber machtlos ausgeliefert zu sein, denen wir dann durch Ausweichen, Rückzug oder Aggression zu begegnen versuchen. Eine erlebte Angst trifft also auf eine individuelle Charakterstruktur und drängt nach einer Entgegnung.

Sorgenbarometer in der Schweiz zeigen, dass vor allem Angst und Unsicherheit im Bereich der Altersvorsorge, der Arbeitslosigkeit, bei Ausländer-, Flüchtlings- und Asylfragen bestehen. Hunger in der Welt, Armut, Kriege, Ausbeutung von Rohstoffen, Klimawandel, Epidemien etc. deuten vor allem auf ein Versagen im gesellschaftlichen Bereich hin und schaffen erhebliche Unsicherheit, die bei einer gemeinschaftsorientierten Politik vermieden werden könnte. Die Zerstörung der Verbundenheit unter den Menschen ist die Folge einer gigantischen sozialen Ungleichheit. Die im Menschen angelegte Solidarität, eine Disposition, die durch die Liebe der Eltern zu ihren Kindern entwickelt und gepflegt werden muss, wird durch zu viele ungünstige Einwirkungen gehemmt. Als besonders bedrückendes Beispiel sei hier das Flüchtlingselend genannt, wo tausende Menschen, Frauen und Kinder im Mittelmeer ertrinken, ohne dass ein Wehklagen und Schmerzensschrei ob dieser Katastrophe zu hören ist. Es scheint uns auch nicht merklich zu bewegen, wenn Menschen auf dieser Erde verhungern, obwohl es möglich wäre, diesen im Elend Lebenden zu helfen, denn Nahrung erzeugt unsere Erde genug für alle. So erleben wir eine Gesellschaft der Ungerechtigkeit, die auf uns als Individuen Einfluss nimmt und umgekehrt.

Seit jeher waren sich denkende Menschen bewusst, dass uns nur eine breitangelegte Aufklärung weiterbringen kann. Von Zeiten, in denen die Suche nach Erkenntnissen im Vordergrund stand, zehren wir bis heute. Menschen brauchen für ihre persönliche Entwicklung eine Anleitung zum Menschwerden. Das betrifft Fragen nach einer fördernden Erziehung, nach Sinn und Ziel des Lebens und nach Werten, die unser Leben bereichern. Ein Lichtstrahl, der uns den Weg ausleuchten kann, den wir Lebensweg nennen, ist die Auseinandersetzung mit dem Wesen der Angst, die zumeist in der Tiefe unseres Seelenlebens verborgen ist. Viele Philosophen und Psychologen haben sich damit auseinandergesetzt. In der Folge kommen vor allem einige Philosophen und Tiefenpsychologen zu Wort, von denen wir annehmen, dass sie Wesentliches zur Klärung dieser Problematik beigetragen haben.

Sören Kierkegaard

Sören Kierkegaard wurde am 5. Mai 1813 als jüngstes von sieben Kindern in Kopenhagen geboren und lebte bis zum 11. November 1855. Der Vater hatte es als Kaufmann zu Ansehen und Wohlstand gebracht. Sören war der Liebling des Vaters, der ihn aber auch mit seiner Schwermut und Religiosität stark belastete. In der Schule war der zartgebaute Sören ein sehr guter Schüler, der als klug galt, sonst aber eine Aussenseiterposition einnahm, „sodass der Gedanke an meine nicht unbeträchtlichen Geistesgaben mein einziger Trost, dass die Idee meine einzige Freude, und dass die Menschen mir gleichgültig wurden."

1830 schrieb er sich an der Universität ein, um Theologie und Philosophie zu studieren. Als allseits interessierter Student zog sich die Studienzeit über fast zehn Jahre dahin. Auch vertrieb er sich die Zeit durch gesellschaftliche Vergnügungen, die sich vermutlich auch ins Zügellose verloren. Kierkegaard beschrieb sich als *„innerlich zerrissen ... ohne jede Aussicht, ein irdisch glückliches Leben zu führen."* Sein vom Vater übernommenes Schuldbewusstsein und die Hemmungen gegenüber der Sexualität erschwerten eine Liebschaft derart, dass er nach kurzer Zeit eine Verlobung löste. Er fühlte sich nicht imstande, diese enge Beziehung zu Regine Olsen zu gestalten, obwohl er sie lebenslang verehrte und Schuldgefühle ihr gegenüber empfand.

1838 starb sein Vater und hinterliess ihm ein ansehnliches Vermögen. Er konnte sich nicht dazu entschliessen, nach seiner Doktorarbeit den Beruf des Pfarrers zu ergreifen. Kierkegaard lebte ohne Berufsausübung als freier Schriftsteller ein verschwenderisches Leben, sodass im Verlaufe seines Lebens sein Vermögen dahinschmolz. Nach dem Bruch mit Regine Olsen und nach seiner Doktorarbeit fuhr Kierkegaard nach Berlin, um dort die Vorlesungen von Schelling zu hören und sich mit dem Werk Hegels vertraut zu machen. In seinem ersten bedeutenden Buch *Entweder-Oder* kritisierte er die Hegelsche Philosophie.

In der Zeit zwischen 1843 und 1855 erschienen pseudonym seine Schriften, darunter auch *Der Begriff der Angst* mit dem Untertitel *Eine schlichte psychologisch-andeutende Überlegung über das dogmatische Problem der Erbsünde.* Sowohl ausgeprägte Beobachtungsgabe und Selbsterkenntnis als auch theologische Darlegungen kennzeichnen dieses Werk. „Kierkegaard gilt als einer der Erzväter des Existenzialismus und ist unseres Erachtens auch einer der Vorfahren der Tiefenpsychologie" (Josef Rattner). Der Existenzialismus übt Kritik an einer vorgängigen Sinnbestimmung des Menschen als biologisches Wesen oder als

Vernunftswesen. Danach geht die *Existenz der Essenz (dem Wesen) voraus.* Man kann den Menschen nur erfassen, wenn man nicht von seiner eigenen Existenz ausgeht. Die Existenzialpsychologie arbeitet an der Befreiung des Menschen zu seinen eigenen Möglichkeiten. In Bezug zum Anderen soll der Mensch Verantwortung und Freiheit erkennen.

Kierkegaard weist dem Menschen eine Doppelrolle zu, indem er Freiheit mit Erfordernissen durch die Gemeinschaft, Unendlichkeit mit Endlichkeit verbindet. In Bezug zurzeit kann der Mensch seine Möglichkeiten ausschöpfen oder vertun. Sein Handeln bestimmt dann die Wirklichkeit. Alles was aber in die Freiheit führt, also in eine unsichere Zukunft, macht Angst.

In seinen Schriften erweist sich Kierkegaard durch seine Selbsterforschung und durch die Beobachtung seiner Mitmenschen als grandioser Tiefenpsychologe, der besonders durch die Überlegungen zur Angst Wesentliches zum Verständnis des Menschen beitrug.

Ursache der Angst:[22] – Angst ist ein Zustand, der zum Menschen gehört, und keiner ist frei davon. Nicht nur der Einzelne beklagt mehr oder weniger und von Zeit zu Zeit diese Gefühlskonstellation, sondern ganze Gesellschaftsgruppen können Ängste entwickeln, wenn z. B. Katastrophen oder Kriege ihre Existenz bedrohen. So nannte Albert Camus sein zwanzigstes Jahrhundert ein Jahrhundert der Angst, da dieses von einer Katastrophe in die andere geriet, ohne dass sich daraus Lehren für die Zukunft ableiten liessen.

In der Einleitung zum Angstproblem wendet sich Kierkegaard an seine Leser mit der Überlegung: „Die vorliegende Schrift hat sich zur Aufgabe gestellt, den Begriff ‚Angst' psychologisch abzuhandeln." Der Begriff der Angst, den Kierkegaard essayistisch und fragmentarisch vorlegt, ist eine beachtliche und aussagestarke Schrift, in der er den Grundstein zur Existenzphilosophie legt. Hier soll nicht das christliche Gedankengut zur Diskussion stehen, als vielmehr der psychologische Gedanke, auf den Kierkegaard schon in seinem Untertitel *Eine einfache psychologisch-hinweisende Überlegung* ... aufmerksam macht.

Kierkegaard sieht einen Unterschied zwischen Angst und Furcht. Furcht ist „auf etwas Bestimmtes bezogen, während Angst die Wirklichkeit der Freiheit als Möglichkeit für die Möglichkeit ist".[23] Wir schrecken manchmal davor zurück, wenn wir Entscheidungen treffen sollen, da die Möglichkeiten einer Wahl

---

22 Sören Kierkegaard: Der Begriff der Angst. Reclam, Stuttgart, 1992

23 Ebd, S. 50

vielfach sind. Der Mutige entscheidet sich für einen Weg, den er im Moment für die aussichtsreichste Möglichkeit hält, ein Problem zu lösen. Seine Freiheit der Wahl unter Möglichkeiten macht den Menschen aus.

Angst als Stimmung ist allbekannt und fast immer ein unbewusster Affekt, den man nicht entschlüsseln kann und selber nicht versteht. Angst macht sich als Hemmung in der Bewältigung der alltäglichen Probleme breit und kann in Verzweiflung und Sinnlosigkeit, im *Nichts* enden. Vernunft und Denken hilft dem Geängstigten in diesem Zustand nicht. Er steht wie vor einem Abgrund, der ihn seine Endlichkeit empfinden lässt. Menschen stehen vor Lebensaufgaben, die unter endlichen Bedingungen gelöst werden wollen. Dazu braucht es Entschlusskraft, denn die sich ergebenden Möglichkeiten lassen eine Garantie für Erfolg nicht zu. Erst die Zukunft wird zeigen, ob der gewählte Weg der richtige war. Kierkegaard vergleicht diese Unsicherheit und Angst vor Neuem mit einem Schwindel, der dem Menschen den Halt entziehen kann, wenn er in Abgründe schaut.

Es gibt eine interessante Formulierung der Angst bei Kierkegaard, „die Angst als Schwindel der Freiheit: „Wer in eine gähnende Tiefe hinunterschauen muss, dem wird schwindlig. Doch was ist die Ursache dafür? Es ist in gleicher Weise sein Auge wie der Abgrund - denn was wäre, wenn er nicht hinuntergestarrt hätte? Demgemäss ist die Angst jener Schwindel der Freiheit, der aufkommt, wenn ... die Freiheit nun hinunter in ihre eigene Möglichkeit schaut.“ [24]

Eine weitere Betrachtung der Angst stellt Kierkegaard an, wenn er in der Unschuld die Unwissenheit entdeckt. In diesem Zustand kann der Mensch nicht zwischen Gut und Böse differenzieren. Es ist ein Zustand des Friedens und der Ruhe. „Es gibt nichts, womit sich streiten liesse. Doch welche Wirkung hat Nichts? Es gebiert Angst.“ In der Wirkung des *Nichts* liegt Angst und in der Unschuld liegt laut Kierkegaard ebenfalls Angst.

Das Negative der Angst liegt in der Unentschlossenheit, Unsicherheit und Verlorenheit eines Menschen, dagegen bedeutet Freiheit immer, ein Wagnis einzugehen. Kierkegaard, der eine Art Skeptiker war, der sich mit Begeisterung in eine Sache stürzen konnte und auf der anderen Seite wieder in Distanz ging, der alles relativierte, war auch Ironiker, und er meinte, das führe dazu, dass man *auf sich selbst zurückgeworfen wird* und in Verzweiflung endet. Bindungs-

---

[24] Ebd, S. 72

angst schafft Leerraum, Nichts und Schuldgefühle. Reue, ohne danach in Gegenwart und Zukunft gut zu handeln, lässt keine wertvolle Selbsterkenntnis und keinen ausgeprägten Gemeinschaftssinn erkennen. Auch wer Angst hat, Verantwortung übernehmen zu müssen, weicht angstvoll vor dem Freisein zurück.

Angst ist aber bei Kierkegaard keineswegs nur negativ zu sehen. Er stellt die Angst in Beziehung zum Bewusstsein, indem er erklärt, dass Bewusstsein dem Menschen seine Möglichkeiten erfahren lässt, die ihm dadurch Werte wie Gut und Böse näherbringen. Dadurch kann Freiheit zur Selbstverwirklichung gewonnen werden. Bei Angst vor der Freiheit resultiert dagegen eine Hemmung in der Persönlichkeitsentwicklung. Die Angst ist also die Möglichkeit der Freiheit. „Wer sein Selbst entfaltet, muss sich Widersprüchen stellen und sich gegen Widerstände wehren, auch gegen die wohlgeordneten und sicheren Verhältnisse, in denen er vielleicht gelebt hat. Verzweiflung, Selbstverwirklichung geht bei Kierkegaard mit einem bedingungslosen Bruch mit dem Vergangenen einher.“[25] Persönlichkeitsentwicklung verschafft uns auch den Zugang zum Mitmenschen. Die Angst vor der Angst soll man nicht haben, denn um zu Erkenntnissen zu kommen, ist diese unerlässlich und man muss durch sie hindurchgehen.

Manche Menschen haben Angst vor der Vergangenheit und fürchten sich davor, sie könnte sich wiederholen; Verfehlungen könnten heute oder in Zukunft aufbrechen. Damit bleibt die Angst permanent erhalten und wird in die Zukunft mitgenommen. Diese und vorher genannte Überlegungen Kierkegaards lassen ihn als einen Vorläufer der Tiefenpsychologie erkennen.

Alfred Adler

Der Wiener Arzt und Psychotherapeut Alfred Adler (1870-1937) und Begründer der Individualpsychologie ging von einem ganzheitlichen Konzept in der Erforschung seelischer Zusammenhänge aus. Sein optimistisches Menschenbild gründet auf der schöpferischen Kraft, die allen Menschen innewohnt. Die Fähigkeiten und Schöpfungen der Künstler sind der schönste Ausdruck dafür. 1933 schrieb Adler in seinem Buch *Der Sinn des Lebens:*

[25] Uta Eichler bei Kierkegaard: Der Begriff der Angst. Reclam 2012. Hamburg. S. 229

> Die Wissenschaft der Individualpsychologie entwickelte sich aus dem Bemühen, die geheimnisvolle schöpferische Lebenskraft zu verstehen, jene Kraft, die sich in dem Verlangen nach Entwicklung, Anstrengung und Leistung zum Ausdruck bringt – und selbst noch in dem Wunsch, die Niederlagen auf dem einen Wege durch Streben nach Erfolg auf einem anderen zu kompensieren. Diese Kraft ist zielgerichtet. Sie kommt zum Ausdruck in dem Verfolgen eines Zieles, und in diesem Streben wird jede körperliche und psychische Regung eingespannt.

Im *Schöpfertum* des Menschen verbirgt sich eine relative Freiheit, womit auch die Verantwortlichkeit für sich und die Mitmenschen verbunden ist. Damit ist jeder der Schmied seines Glücks. Nun haben aber die meisten Menschen in ihrer Kindheit so unerfreuliche Erfahrungen gemacht, dass sie Ängste entwickelt haben, neuen Situationen nicht gewachsen zu sein. Das ist der Grund, warum sie sich lieber zurückziehen und allen grösseren Anforderungen ausweichen. Man lebt dann quasi am Leben vorbei. Das Lebensgefühl ist eingeschränkt, wenn die offene Auseinandersetzung vermieden oder durch Affekte wie Ärger, Neid, Eifersucht, Ehrgeiz, Eitelkeit, Geiz, Hass, Wut, Trauer, Ekel und Scham beantwortet wird. Dementgegen stehen die aufbauenden und kraftspendenden Gefühle der Liebe, des Wohlwollens, des Glücks und der Freude, der Güte, der Solidarität und des Mitleids, sowie des Optimismus.

Von zentraler Bedeutung ist bei Adler das *Gemeinschaftsgefühl*, welches ein Gradmesser der Zusammengehörigkeit ist. Damit wird auch der Blick auf das Ganze ausgerichtet. Adler verstand darunter auch, dass die Lebensaufgaben nur gemeinsam bewältigt werden können. Er betonte ebenfalls den allgemeinen Nutzen des Gemeinschaftsgefühls: „Mit nützlich meine ich die Interessen an der Menschheit im Allgemeinen" (Adler 1929), ohne sich an neurotische Tendenzen in der Gesellschaft anzupassen. Ganz im Gegenteil strebte er eine Überwindung der gegenwärtigen Realität zugunsten einer besseren an. Fehlende Einfühlung und Kooperation verstärken das Minderwertigkeitsgefühl eines Menschen. Der Sinn des Lebens besteht laut Adler in der Ausrichtung auf die *eiserne Logik des Zusammenlebens.*

Gemeinschaftsgefühl ist bei Adler eine „Lebensform, die nicht nur äusserlich zu fassen ist":

> Ich habe bei einem englischen Autor eine Wendung gefunden, die klar zum Ausdruck bringt, was wir zu unserer Erklärung beitragen können:

> ‚Mit den Augen eines anderen sehen, mit den Ohren eines anderen hören, mit dem Herzen eines anderen fühlen'. (Adler 1928)

Ein Schwerpunkt der individualpsychologischen Theorie ist auch der *finale Aspekt des Handelns* (Teleoanalyse), der weder das Erleben aus Triebschicksalen (S. Freud) noch aus bedingten Reaktionen bzw. Konditionierungen (Verhaltenstherapie) ableitet, sondern aus den je individuell zu verstehenden Zielen bzw. Zwecksetzungen.[26] Von Anfang an stellte Adler die Erziehung und Bildung des Menschen in den Vordergrund seiner Lehre. Nach Adler hat jeder Mensch ungeahnte Möglichkeiten im Handeln, besonders wenn man ihn ermutigt. Die soziale Entwicklung und die pädagogischen Intentionen haben denn auch in der Heilpädagogik grossen Einfluss gewonnen. Sein Hauptwerk „Über den nervösen Charakter" (1912) sieht den nervösen (neurotischen) Menschen in der fiktiven Verstrickung seines Lebensplanes, der alle seelischen Ereignisse durchflutet und sich z.B. in der Neurose verdeutlicht.

Wenn wir die *Angsttheorie* bei Adler erörtern, müssen wir zunächst kurz seine *Charakterlehre* beschreiben. Die menschliche Psyche wird hier als ein Zusammenspiel von Minderwertigkeit, Geltungsstreben und Gemeinschaftsgefühl verstanden. Das Minderwertigkeitsgefühl ist das unangenehme Erlebnis der eigenen Unzulänglichkeit oder Unterlegenheit (Inferiorität) gegenüber anderen in einzelnen Situationen oder als Dauerhaltung (Minderwertigkeitskomplex).[27] Geltungsstreben ist dann die Folge der vermissten Anerkennung, des Prestiges und des Ansehens. Geltungsstreben kann als ursprüngliche menschliche Tendenz angesehen werden, *die wir bei allen Menschen wiederfinden* (Adler: Praxis und Theorie der IP. 1920). Bei der Geltungssucht verliert das Individuum den Gemeinschaftssinn aus den Augen. Geltungsstreben verleitet dazu, von den Meinungen anderer abhängig und unselbständig zu werden.

Das Verstehen lernen einer Persönlichkeit mit ihren Lebenskomplikationen gelingt nur, wenn wir die drei Faktoren *Minderwertigkeit, Geltungsstreben* und *Gemeinschaftsgefühl* zueinander in Beziehung setzen.

Der Charakter als Ausdrucksform der Seele setzt sich mit den Lebensaufgaben auseinander, ist also ein sozialer Begriff. Der Einzelne verhält sich stets im Hinblick auf sein Gegenüber, sein Verhalten hat demnach nichts mit Vererbung zu tun. Charakterzüge sind „einer Leitlinie vergleichbar, die dem Men-

---

26 Brunner, R.: Wörterbuch der Individualpsychologie. 1985

27 Ebd. S. 285

schen wie eine Schablone anhaftet und ihm gestattet, ohne viel Nachdenken in jeder Situation seine einheitliche Persönlichkeit zum Ausdruck zu bringen".[28] Wenn z.B. ein Schüler es an Fleiss fehlen lässt und das Lernen verweigert, wird er stets bemüht sein, diesen Mangel an Gemeinschaftssinn zu verbergen oder zu rechtfertigen, denn sein Schwächegefühl lässt es nicht zu, als Versager dazustehen. Er macht allenfalls einen Umstand dafür verantwortlich, der es ihm nicht ermöglicht, den gestellten Anforderungen gerecht zu werden. Hier wird deutlich, wie Minderwertigkeit, Geltungsstreben und der Mangel an Gemeinschaftsgefühl zusammenspielen.

Reale Ängste, sog. Urängste, werden nach Adler als selbstverständlich vorausgesetzt. Furcht und Angst werden nicht stark unterschieden, da die Konturen oft verschwimmen. Die Individualpsychologie lenkt ihr Augenmerk auf den finalen Aspekt des Angstvorganges. Wenn ein Mensch die Tendenz verfolgt, den Schwierigkeiten des Lebens auszuweichen, dann ist Angst ein Mittel, sich abzusichern, um die Aufgaben des Lebens nicht lösen zu müssen. Ängstliche Menschen überfällt die Angst in fast allen Situationen, sei es, eine Liebesbeziehung einzugehen, eine Berufstätigkeit aufzunehmen oder das Haus zu verlassen und unter die Menschen zu gehen. Die Beziehung zu den Menschen ist gestört, und eine Persönlichkeitsentwicklung, die Beziehung zu anderen Menschen voraussetzt, kann nicht gedeihen.

Nach Adler leiden Menschen, bei denen Angstzustände immer dann auftreten, wenn sie ihren engen und gewohnten Rahmen verlassen sollten, an einer „zögernden Haltung". Die Flucht und die Ausweichtendenz stehen bei fast allen Vorhaben im Mittelpunkt. Man erfindet alle möglichen Ausreden und Vorwände, um sich dem Leben nicht stellen zu müssen und nimmt damit eine Sonderstellung ein, die ausserhalb des Gemeinschaftssinnes liegt. Bereits in frühen Kindheitstagen entwickeln sich solche Fehlhaltungen und können sich auf alle menschlichen Beziehungen erstrecken. Wenn z.B. Kinder Angst zeigen, wenn sie alleine in ihrem Bett einschlafen sollen, dann ist es nicht die Lösung, das Kind zu verwöhnen und die Angst als etwas Reales einzuschätzen. Besorgte Eltern binden ihr Kind dann zu sehr an sich und behüten es vor einer scheinbaren Gefahr. Es fällt ihnen schwer, konsequent zu sein und das dahinterliegende Problem zu erfassen.

---

28 Adler, Alfred: Menschenkenntnis. Rascher-Verlag. Zürich, 1947

Es ist in der Erziehung immer darauf zu achten, dass sich lästige Angewohnheiten nicht zu einem hinderlichen Verhalten bei Kindern einschleichen. Zudem kann das unbewusste Ziel des Kindes sein, die Mutter in seinen Dienst zu stellen. Es kann so nicht selbständig werden. Auch wenn am Abend das Licht gelöscht werden soll, beginnt bei verwöhnten Kindern das Geschrei. Sie verlangen, man solle mit ihnen spielen oder ihnen noch mehr vorlesen. Später wollen diese Menschen nichts alleine machen. Aus dieser erworbenen Ichhaftigkeit ist eine permanente Angstbereitschaft verständlich. „Sind solche Kinder aber einmal genötigt, doch vorzurücken, dann tragen sie in sich schon den Rückzugsplan, sind immer halb zur Flucht gewendet, und einer ihrer häufigsten und auffallendsten Affekte ist die Angst.“[29](S. 222)

Das Denken kreist bei erwachsenen Menschen gern um Vergangenes, und auch das ist ein Mittel, sich vor den anstehenden Lebensaufgaben zu drücken. „Oder sie betonen, dass ja doch alles eitel sei, dass das Leben so kurz sei oder dass man nicht wissen könne, was geschehen werde.“[30] (S. 189) Auch die Vertröstungen der Religionen auf ein besseres Jenseits spiegeln den Charakter des Ausweichens, die das Ziel im Imaginären ansiedeln und das Bemühen auf dieser Erde weniger hoch einschätzen.

Besonders gering sind bei ängstlichen Menschen ihre Selbstachtung sowie ihr Ehrgeiz, „die es ihnen nicht gestatten, sich auf die Probe stellen zu lassen“. Die ängstliche Lebensform kann als Vorstufe aller neurotischen Fehlentwicklungen gelten. „Aufgehoben kann die Menschenangst nur durch das Band werden, welches den Einzelnen mit der Gemeinschaft verknüpft. Nur der wird ohne Angst durchs Leben gehen können, der sich seiner Zugehörigkeit zu den anderen bewusst ist.“ (S. 191)

Harry Stack Sullivan

Der Siegeszug der Naturwissenschaften und der Technik löste das mystische Denken weitgehend ab. Ein rationales und an Fakten orientiertes Denken setzte sich durch. Die materialistische Ideologie war bestrebt, auch das geistige und gefühlsmässige Sein einem rationalen Verstehen zugänglich zu machen. In der Pädagogik wurde das Schwergewicht auf das Vermitteln von Fakten gelegt, die emotionale Ebene wurde als undurchschaubar und schwer zugänglich beisei-

[29] Adler; Alfred: Menschenkenntnis. Rascher-Verlag Zürich 1947
[30] Ebd.

tegeschoben. Auch in der psychologischen Arbeit galten und gelten vorwiegend biologische Faktoren, die auf das Materielle im Menschen bezugnehmen. Das Zentralnervensystem wird dabei als das alles entscheidende Organ bezeichnet, welches beim „Kommunizieren, Gedichte schreiben, etwas erfinden, sich freuen, traurig sein, Sex haben oder spazieren gehen den Ausschlag geben soll, denn stets führt das aus Gehirn und Rückenmark bestehende Zentralnervensystem Regie. Ihm entspringt unser Denken, Fühlen und Handeln". (netdoktor)

Die Tiefenpsychologie, und hier in erster Linie die Individualpsychologie, versuchte, ihre Theorie als Fortsetzung der Aufklärung zu gestalten. Das biologistische Denken, übernommen aus der Betrachtung der Materie, steht dabei im Gegensatz. Besonders die Therapeuten und Begründer der Gruppentherapie Friedrich Liebling und Josef Rattner verstehen das menschliche Dasein als ein Geworden-Sein, als ein Faktum der Anthropologie und Geschichte.

Ebenfalls in diese Richtung ging der US-amerikanische Psychiater und Psychoanalytiker Harry Stack Sullivan (1892-1949). Er sah die Psychiatrie in seinem Buch *Das psychotherapeutische Gespräch* im Bereich der teilhabenden Beobachtung, (S. 16)[31] und er führt aus:

> Tatsache ist, dass wir beispielsweise aus den motorischen Bewegungen eines anderen Menschen nicht klug werden können, wenn wir nicht von Verhaltensweisen ausgehen, die für uns einen Sinn haben - das heisst, wenn wir nicht davon ausgehen, was wir selbst erlebt, gemacht oder bei anderen unter Umständen beobachtet haben, in denen uns der Zweck, die Motivation oder wenigstens die Absichten mitgeteilt werden, die dem Verhalten zugrunde lagen. Ohne diesen Erfahrungshintergrund aus der Vergangenheit ist es dem Beobachter nicht möglich, durch rein intellektuelle Anstrengungen den Sinn der verblüffenden Vielzahl menschlicher Handlungen zu erschliessen.

Nach Sullivan ist der Therapeut unweigerlich immer in Beziehung und Teil des Geschehens, wenn ein therapeutisches Gespräch stattfindet. Für Sullivan ist die *interpersonale Beziehung* der Hauptfaktor in der Entwicklung ernster Lebensprobleme. Er beschreibt Angst im Hinblick auf ihre Auswirkung. Angst hat er nicht definiert, sondern er erklärte diese operational. Sullivan hatte stets im Hinterkopf: „Wo wird der Kommunikationsfluss durch die Bedrohung von

---

[31] Sullivan, Harry S.: Das Psychotherapeutische Gespräch, Fischer TB

Angst gestört?" Diese auf Beziehung aufgebaute zwischenmenschliche Methode, die sich als zuverlässig zur Identifizierung von Problemmustern herausgestellt hat, kann nie durch nur biologistische Methoden ersetzt werden.

Angst wird nach Sullivan schon im Säugling durch gewisse emotionale Störungen in der Bezugsperson (der Mutter) ausgelöst. Wenn die Pflegeperson nicht adäquat auf die Bedürfnisse des Kindes eingehen kann, entsteht Angst, deren sich ein Schutzbefohlenes nicht erwehren kann. Wenn im späteren Leben Angst als Folge frühkindlicher Erlebnisse auftritt, dann lässt sich der Ursprung, der Angst erregt, nie ganz erfassen.

> Da infantile Angst durch mütterliche Angst induziert wird, können wir vom Säugling schwerlich erwarten, dass er viel von dem, was die Angst verursacht hat, versteht. – Wieviel wir Erwachsenen über Situationen, die Angst erregen, auch reden mögen, das eigentliche Wesen derartiger Situationen erfassen wir dennoch so gut wie nie, und das Kind erfasst sie mit Sicherheit niemals. – In der Erziehung zum Leben, im Rahmen unserer Kultur, die wir alle erfahren haben, steckt ein Grossteil unserer Angst (S. 217/218)[32].

Wenn wir nun innere oder äussere Widerstände wahrnehmen und dabei Angst entwickeln, dann versuchen wir, diese durch ein sozial annehmbares Verhalten zu sublimieren oder zu kompensieren. Als Beispiel: Ein 2-jähriges Mädchen steckt oft viel Sand in den Mund. Die Mutter verbietet das. Nun fängt das Kind an, an seiner Halskette zu beissen (Sublimierung), bis alle Kügelchen auf dem Boden liegen.

> Kein Mensch schaut je mit ungetrübten Augen auf die Welt. Er sieht sie immer gefiltert durch einen festumrissenen Satz von Sitten und Gebräuchen, von Institutionen und Denkweisen. Die Lebensgeschichte des Individuums ist in erster Linie eine Anpassung an die in der Gemeinschaft tradierten Muster und Standards. Vom Augenblick der Geburt an formen die Sitten und Gebräuche, in die er hineingeboren wird, seine Erfahrungen und sein Verhalten. (S. 49).

Die eigene Stellungnahme zu dem Erlebten und die individuellen Schlüsse, die ein Kind daraus zieht, sind ebenfalls Wirkfaktoren. Es ist ja keineswegs so, dass nur die Umwelteinflüsse entscheiden, wie etwas im Gefühl des Menschen ver-

[32] Sullivan, Harry S.: Die interpersonale Theorie der Psychiatrie. Fischer TB, 1983

arbeitet wird. *Es gibt ein relativ privates oder inneres Bündel von Zustandsänderungen,* welches auf das äussere Objekt als Verursacher reagiert, dass wahrgenommen wird und als *Wahrnehmungsbild* endet.

Sullivan geht von zwei absoluten Grössen in der Befindlichkeit eines Menschen aus: ein Zustand der absoluten Euphorie (äusserstes Wohlbefinden) oder eine absolute Spannung (grösstmögliche Abweichung vom Zustand der Euphorie). Normalerweise ist das Leben jedoch in der Mitte angesiedelt.

Wenn es um Angst geht, dann müssen wir das Augenmerk auf die Spannungen lenken, die sich im Leben ergeben. Sullivan unterscheidet Bedürfnisspannungen und Angstspannung.

Die Bedürfnisspannung wird ausgelöst durch störende Faktoren, die das Gleichgewicht beeinträchtigen, wie Sauerstoffmangel, Wassermangel, zu niedrige Körpertemperatur etc. Der Schrei des Säuglings ist die erste Aktivität des Säuglings, die auf Bedürfnisbefriedigung abzielt. Hier ist die soziale Bindung und mütterliche Zuwendung eine Bedingung für die Lebensfähigkeit eines Säuglings.

Die Angstspannung beim Säugling ist eine Folge von Angst bei der Mutter. Der Säugling ist dem hilflos ausgeliefert und kann sich dessen nicht erwehren. Bedürfnisse können von der Pflegeperson erkannt und gestillt werden. Für das Beheben und das Mildern der Angst gilt das nicht.

Bei Angst im Erwachsenenleben soll man erforschen, wie die Beziehung in der Familie verlaufen ist. Alle Beziehungen zu Menschen bündeln sich zu einer einzigen Metapher: die Beziehung zur Mutter. Da Angst etwas sehr Unangenehmes ist und als Fehlschlag gegenüber dem Wohlbefinden (Euphorie) gelten kann, wächst im Kindesalter die Alarmbereitschaft, um etwas der Angst entgegenzusetzen. Angstzustände werden, so Sullivan, mit einem schweren „Schlag gegen den Kopf" verglichen. Sie erzeugt „nutzlose Verwirrung und eine nutzlose Störung jener Faktoren der Sinneswahrnehmung, die ihrem Einsetzen unmittelbar vorausgegangen waren. Weniger schwere Angst erlaubt allmähliches Erkennen der Situation, in der sie auftritt." Angst ist für einen Grossteil der unangemessenen und unangepassten Taten der Menschen verantwortlich.

Die seelischen Verletzungen in der Kindheit können unter Umständen sehr gross sein. Man glaubt dann, man lebe in Feindesland. Diese feindliche Grundhaltung können wir immer dann beobachten, wenn wir einen Menschen vor uns haben, der sich wehrt, in Beziehung zu treten, auf einen Diskurs einzutreten oder der anstelle von Vertrauen seinem Gegenüber Misstrauen entgegenbringt. Das Lernen und das Gewinnen von Erfahrungen werden behindert. Ein weiteres Element des Ausweichens sind Ressentiments, hinter denen ebenso Angst steckt. Schränkt man ein Kind in seinem seelischen und körperlichen Bewegungsdrang ein, tritt Wut auf, was meistens von Erziehern nicht gebilligt wird. Aber man ärgert sich dann; das ist eine Reaktion, *die wie gefühlte Wut ist.* Für Erwachsene bietet sich der Ärger als Kompensation der Angst an. Stösst auch das auf Widerstand, können sich psychosomatische Beschwerden entwickeln, die helfen sollen, Spannungen abzubauen.

Sullivan sieht in der Fähigkeit, in die Zukunft vorauszusehen, also mit Hilfe des Zeiterlebens Vergangenheit, Gegenwart und Zukunft in Beziehung zu setzen, „eines der auffallendsten Merkmale des Menschen gegenüber allen anderen Lebewesen" (S. 148).[33] Beim Erleben der Angst ist eine solche Vorhersagbarkeit und damit eine Antizipation der nahen Zukunft nicht gegeben.

Wenn nun ein Mensch in eine Situation gerät, die sein Selbstwertgefühl infrage stellt, wie z. B. die Verletzung der Intimsphäre, löst das Angst aus. Um dieser zu entgehen, werden unangenehme Gefühle verdrängt (dissoziiert). Diese komplexe Leistung der menschlichen Persönlichkeit schützt vor der Angst, läuft alltäglich unbewusst ab und verschafft dem Ängstlichen ein gewisses seelisches Gleichgewicht. Das kann aber nur dann eine Notlösung sein, wenn dieser Sicherheitsmechanismus nicht durch sonst schon schwierige Lebensumstände zu einer Überforderung des gesamten Gefühlshaushaltes führt. Daher spricht vieles dafür, unbewusste Ängste in einer Psychotherapie abzubauen, wobei diese auch den Weg für eine Persönlichkeitsentwicklung ebnet.

Die Erforschung interpersonaler Beziehungen muss nach Sullivan immer auch den Beobachter mit einbeziehen, und der ist nicht imstande, jeweils den ganzen Umfang einer Situation zu erfassen. Daher ist immer Vorsicht geboten, wenn es um Beurteilungen eines anderen geht. Sullivan will das Muster mangelnden Wohlbefindens durch teilnehmende Beobachtung mit dem Gegenüber bearbeiten. Er rät zu Besonnenheit, wenn er zu bedenken gibt:

> Jeder, der seine Vergangenheit erforscht, kann feststellen, dass die *Muster* der Spannungen und Energietransformationen, die sein Leben ausmachen, in wahrhaft erstaunlichem Ausmass eine Sache seiner Erzie-

---

[33] Siebenhüner, Hartmut: Die Entdeckung der Zwischenmenschlichkeit- Harry S. Sullivan. VTA Berlin, 2015

> hung zum Leben in einer besonderen mutmasslichen Gesellschaft sind. Wenn er einen gewissen Weitblick hat, kann er auch Unzulänglichkeiten in den Erwartungen seines Erziehers bemerken; er wird herausfinden, dass er keineswegs gut auf das Leben in den Gruppen, mit denen er in seinem Leben zu tun hat, vorbereitet ist. Wenn er philosophische Neigungen und einen Hang zur Geschichte hat, wird er vermutlich zu dem Schluss kommen, dass eben dieses Element des Schlecht-vorbereitet-Seins für die Menschen in jeder Phase expandierender Weltkontakte und daraus resultierender beschleunigter sozialer Veränderungen kennzeichnend war (S. 409).

Sullivan ist der Ansicht, dass der Einfluss, den Menschen aufeinander ausüben, die grundlegende Art wiederkehrender Spannungen und damit Angst bedeutet. Daher gelten für eine Völkerpsychiatrie (auch Völkerpsychologie, d. Vf.) die gleichen Strategien, die auch auf signifikante Gruppierungen von Menschen – wie Familie, Kommunen, politische Gruppen, regionale Organisationen, Weltblöcke – angewandt werden, um die Integration der Gruppen untereinander und deren Gemeinwohl zu fördern.

Karen Horney

Karen Horney (1885–1952) war deutsch-amerikanische Neopsychoanalytikerin. Sie wurde in Hamburg geboren und ergriff als eine der ersten Frauen das Medizinstudium, welches bis dahin Frauen versagt war. Zum Vater, norwegischer Kapitän, expansiv, erfolgreich und gläubig, hatte Karen eine ambivalente Beziehung, er bevorzugte ihren vier Jahre älteren Bruder Berndt und pflegte einen rüden Umgang. Konflikte zu Hause und Probleme auf seinem Schiff pflegte der Vater mit seiner patriarchalischen Einstellung zunächst durch Schweigen zu lösen. Wenn das nicht half, wurde er übellaunig und mürrisch. Zuletzt warf er mit der Bibel nach seinem Widersacher, weshalb man ihn auch den Bibelwerfer nannte.

Die Mutter, holländischer Abstammung, aufgeklärt und liberal, pflegte eine innige Beziehung zu ihrer nicht sehr hübschen Tochter. Bei der Verschiedenheit der Eltern in ihrem Lebensstil und in der Auffassung von Kindererziehung wundert es nicht, dass die Ehe grosse Konflikte barg, obwohl man nach aussen den Eindruck einer harmonischen Beziehung aufrecht hielt. Mit dieser Zwiespältigkeit musste sich Karen Horney auseinandersetzen.

Verschiedenheiten der Eltern klingen im Wesen eines Kindes fort, und es muss mit diesen Dissonanzen irgendwie fertig werden (Nietzsche, F.: *Menschliches, Allzumenschliches,* 1878). Daraus ergeben sich Spannungen im späteren Leben, und Entscheidungen, die wir dann treffen, tragen diesen Stempel. Bei Karen Horney hat sich dieses Moment der Entscheidungsfindung in ihrem privaten und beruflichen Leben recht stark ausgewirkt.

Karen entwickelte schon früh eine intensive Pflegehaltung; sie kümmerte sich aufopfernd der Pflege ihrer Puppe. Auffallend waren ihr Ehrgeiz und ihre Vorliebe zu Heldengestalten wie zu Winnetou des Schriftstellers Karl May. Diese zwei Charakterhaltungen finden wir in Gestalt der Mutter als zugewandte und weltoffene und des Vaters als erfolgreiche Person, der dem Sturm und den Wellen trotzt. Karen hat sich also auch mit dem Vater etwas identifiziert.

Zunächst besuchte Karen in Hamburg auf Wunsch des Vaters eine Klosterschule, in der sie durch ein etwas rebellisches Verhalten auffiel. Da sie ihren Körper als hässlich empfand und deshalb mit Minderwertigkeitsgefühlen belastet war, wollte sie wenigstens eine gute und kluge Schülerin sein. Der religiösen Unterweisung in der Klosterschule stand sie kritisch gegenüber und erlebte das als Heuchelei. Nach aussen hin hielt sie sich aber zurück mit Kritik. „Nach aussen hin wird etwas vorgegeben, was nach innen hin überhaupt keine emotionale Basis hat, (eine Situation, die sie bei ihren Eltern permanent erlebte).“ [34]

Unter dem Eindruck einer heftigen Erkrankung und durch Gespräche mit dem behandelnden Arzt gedieh der Wunsch in der Vierzehnjährigen, später einmal Ärztin werden zu wollen; für die damalige Zeit aussergewöhnlich für eine Frau. Dazu war es notwendig, die Klosterschule zu verlassen und ein Gymnasium mit Abiturabschluss zu besuchen. In Hamburg gab es um die Jahrhundertwende die ersten Gymnasien, die überhaupt Mädchen zuliessen. Mit dem Vater gab es deshalb heftige Auseinandersetzungen, in denen sie sich aber durchsetzen konnte.

1904 trennten sich die Eltern, und Karen sowie der Bruder mussten die Mutter durch das Erteilen von Nachhilfeunterricht finanziell unterstützen. Für Karen gab es Phasen, in denen sie müde und arbeitsgestört war, vermutlich die ersten depressiven Verstimmungen. 1906 schloss sie mit dem Abitur ab und begann in Freiburg das Studium der Medizin. Ihre Mutter eröffnete dort eine Pension, um ihren Lebensunterhalt zu verdienen. Karen lernte in Freiburg den

---

[34] Danzer, Gerhard: Vorlesungsreihe Karen Horney. SS 2015, Universität Potsdam

Studenten Louis Grote kennen, einen Mann für die Sexualität, und zur gleichen Zeit ihren späteren Mann Oskar Horney, den Mann für die zunächst einmal nur geistige Auseinandersetzung. Vermutlich ist dieses Muster des Verhaltens das Ergebnis dessen, was Karen bei ihren Eltern als Dissonanz erlebt hat. Wenn einmal diese Erlebnisse der Kindheit zu einem Lebensstil geworden sind, kann man ihn kaum wieder abstreifen.

1909 heiratete Karen den inzwischen erfolgreichen Wirtschaftsfachmann Oskar Horney. Das Paar und die Mutter von Karen zogen nach Berlin. Oskar Horney arbeitete in einem weltweit tätigen Industrieunternehmen, während Karen ihr Studium an der Charité fortsetzte. 1911 wurde ihre erste Tochter Brigitte geboren, die spätere grosse Schauspielerin. 1913 wurde die Tochter Marianne geboren, die bis heute (2015) in New York lebt und noch als Psychotherapeutin tätig ist. 1916 kam die dritte Tochter Renate zur Welt, die spätere Künstlerin und Schriftstellerin, die auch eine Autobiografie schrieb, in der vieles über ihre Mutter zu erfahren ist. Wenige Wochen vor der Geburt ihrer ersten Tochter starb die Mutter von Karen Horney überraschend an einem Herzinfarkt. Wenig später stand eine Abschlussprüfung ins Haus. Karen löste solch schwierige Situationen mit Ausweichen in Liebesabenteuer.

Die Ehe mit Oskar geriet ins Schlingern, beide versuchten, eine offene Ehe zu führen. Depressive Verstimmungen machten es notwendig, einen Arzt aufzusuchen, den sie im Psychoanalytiker und Neurologen Karl Abraham in Berlin fand. Die Analyse erstreckte sich auf über ein Jahr und umfasste über 500 Sitzungen, davon in einer Woche ca. fünf. Immerhin hat Karen in dieser Zeit gearbeitet und ihr Staatsexamen in Medizin abgelegt. Anschliessend arbeitete sie in einer Privatklinik und in der Psychiatrie. Den Doktortitel erwarb sie sich 1914 und 1919 eröffnete sie eine Privatpraxis als Psychoanalytikerin. Vorträge und Publikationen ergänzten ihre Tätigkeit.

Das Leben war ausgefüllt mit Arbeit und zermürbenden häuslichen Verpflichtungen. Man pflegte im Freundeskreis die Diskussion und Auseinandersetzung über alle menschlichen Fragen und ebenso den lockeren Umgang mit anderen Partnern.

Daneben bekleidete sie die Stelle einer Lehranalytikerin. Sie gehörte ebenfalls zum Vorstand der Allgemeinen Ärztlichen Gesellschaft für Psychotherapie. 1921 begann sie eine zweite Analyse bei Hanns Sachs, bei dem übrigens auch Erich Fromm eine Analyse absolvierte. Eine dritte Analyse nahm sie bei

Perls in Angriff, der ihr in Bezug zur Frauenrolle wichtige Hilfestellung bieten konnte.

Der aufkommende Faschismus liess sie unberührt. Sie nahm kaum von gesellschaftlichen und politischen Ereignissen dieser Jahre Notiz. Ihre Ehe geriet ins Trudeln und als Franz Alexander 1932 den Auftrag annahm, in Chicago ein psychoanalytisches Institut aufzubauen, nimmt er Karen Horney als seine Mitarbeiterin mit. Nach einigen unliebsamen Begebenheiten entschloss sich Karen Horney 1942, mit anderen Psychoanalytikern (Erich Fromm, Frieda Fromm-Reichmann, Clara Thompson) ein eigenes Institut zu gründen. In dieser Beziehung war sie sehr durchsetzungsfähig, fleissig, ehrgeizig aber auch rivalisierend.

Zu den eigenen inneren Konflikten bemerkte sie treffend, man müsse ihnen entschieden entgegnen und nach eigenen Lösungen suchen, um grössere innere Freiheit und Kraft zu gewinnen. Wir müssten bereit sein, auch Zusammenstösse zu riskieren, denn ohne diese Bereitschaft könnten wir unsere Eigenständigkeit nicht steuern; Stumpfheit und Depressivität sind dann nicht selten der Preis.

Die Publikationen von Horney stiessen besonders bei den Psychoanalytikern auf massiven Widerstand. Man war der Meinung, dass sie den Boden der Trieblehre verlassen habe und stattdessen die Ursache der Angst in der Kultur suche. Schon die erste Buchpublikation *Der neurotische Mensch unserer Zeit* stellte eine kritische Auseinandersetzung mit Freuds biologischer Auffassung von der Entstehung einer Neurose dar.

1939 erschien das zweite Buch unter dem Titel *Neue Wege in der Psychoanalyse.* Darin wird die kulturelle Ursache von Neurosen noch klarer formuliert. Karen Horney bezieht sich dabei vor allem auf die Arbeiten von Max Horkheimer und Erich Fromm. Bemerkenswert ist in der Folge ein Artikel *Can You Take a Stand?,* in dem sie sich zum ersten Mal politisch interessiert zeigt und nicht nur „über den Dingen stehen will. Zu Nazideutschland stellt sie fest, dass die Folge einer ängstlich-misstrauischen Haltung der Verlust der eigenen Identität ist und leicht für solche Ideologien fällig wird, wie sie der Faschismus dargestellt hat. Man verliert die eigene Initiative, das eigene Denken und lehnt sich an irgendeine Weltanschauung an." Der seelisch irritierte Mensch, der in seiner Kindheit nicht Werte, Sicherheit und Zutrauen erleben konnte, kann seine eigenen Schwächen überdecken, indem er einem Führer nachläuft, der alle Eigenschaften in sich zu vereinen scheint, die er nicht hat.

Selbstanalyse war das dritte Buch, welches Karen Horney 1942 veröffentlichte. Sie vertritt darin die Ansicht, dass Selbstanalyse in einem gewissen Masse möglich sein soll, nicht im Sinne einer *Do-it-yourself-Psychologie,* sondern im Sinne von Nachdenken über sich selbst. Allerdings besteht die Gefahr darin, keine Antworten auf die Fragen des eigenen Seins zu erhalten, da man in den meisten Fällen mit der eigenen Analyse eine Kreisbewegung ausführt. Jean-Paul Sartre schein nicht Unrecht zu haben, wenn er auf die Frage *Was ist Denken?* antwortete: „Denken ist ein Prozess, der zu zweit sich ereignet", wenn auch das Leben ein nicht geringer diagnostischer und therapeutischer Faktor bei weltoffenen Personen sein kann.

Die vierte Buchpublikation führt den Titel *Unsere inneren Konflikte.* Karen Horney plädiert hier für ein Bestreben, die persönlichen Konflikte zu lösen, wenn man nicht Gefahr laufen will, immer tiefer in einen Strudel hineingezogen zu werden. Ihr fünftes Buch *Neurose und menschliches Wachstum* erschien 1950, ihr vielleicht bedeutendstes und letztes Buch. Karen Horney starb 1952 an den Folgen einer Krebserkrankung in New York.

Karen Horney war eine einfühlsame Psychotherapeutin und ihre Schriften zeugen von grossem Wissen und von Erfahrung in der Behandlung seelisch kranker Menschen. In ihrem Buch *Der neurotische Mensch unsrer Zeit* (1937) erfahren wir den Grund aller neurotischen Störungen, die Angst. Sie verdeutlicht darin die Auswirkungen von Neurosen auf die Gesellschaft und Kultur. Des Weiteren folgten kritische Abhandlungen zur Theorie Sigmund Freuds. Ihre letzten drei Bücher befassten sich mit der Erarbeitung und dem Verständnis neurotischer Phänomene.

Horney möchte bei der Entstehung von Neurosen und besonders von Angst soziologischen Faktoren einen breiten Platz einräumen. Sie führt Beispiele dazu an, wie unter verschiedenen kulturellen und gesellschaftlichen Verhältnissen Gefühle und Einstellungen variieren können. Und auch innerhalb einer jeden Kultur ändert sich der Begriff demzufolge, was als normal gelten soll. Wenn Sigmund Freud auf Grund seiner Beobachtungen annahm, dass eine Frau eifersüchtiger sei als der Mann und darin eine biologische Komponente sah (Penisneid), so hat sich dieses Bild heute wesentlich verändert, Karen Horney schreibt: „Unser Begriff des Normalen orientiert sich an der Übereinstimmung mit allgemein akzeptierten Massstäben des Verhaltens und der Gefühle innerhalb einer bestimmten Gruppe, die diese Massstäbe ihren Mitgliedern auferlegt.“ [35]

Der Begriff der Neurose bei Horney schliesst zunächst ein Abweichen von der Norm in sich. Andererseits können Menschen eine schwere Neurose haben und dennoch einigermassen gut an die bestehenden Lebensverhältnisse angepasst sein. Karen Horney erkennt zwei Merkmale, die für alle Neurosen (Angst, Trauer, Wut, Ärger, etc.) gelten: Eine gewisse Starrheit der Reaktion, und eine Diskrepanz zwischen Möglichkeit und Leistung.[36] Zum ersten kann der Normale misstrauisch sein, wenn er Anzeichen dazu erkennt; demgegenüber kann ein neurotischer Mensch ohne Grund immer misstrauisch sein. Zum zweiten deutet es auf eine neurotische Störung hin, wenn ein Mensch trotz günstiger Bedingungen nichts aus seinem Leben macht.

Was ist nun der Motor, der den neurotischen Prozess in Gang setzt? Horney schreibt: „So finden wir etwas Wesentliches, das allen Neurosen gemeinsam ist, und das sind die Ängste und die Verteidigungsmassnahmen, die gegen sie aufgebaut werden. Wie unübersichtlich auch die Struktur einer Neurose sein mag, die Angst ist der Motor, der den neurotischen Prozess in Gang setzt und in Bewegung hält.“

Neurose ist demnach eine „seelische Störung, die durch Befürchtungen und Abwehrmassnahmen gegen diese Befürchtungen veranlasst werden, und durch den Versuch, Kompromisslösungen für einander widersprechende Tendenzen zu finden.“ [37]

Von der Angst sprechen wir, wenn die Gründe für die Angst einem Menschen nicht bekannt sind. Einem solchen Menschen können wir auch nicht die Angst ausreden, da sie tiefer liegende Ursachen hat.

Erich Fromm

1941 erschien sein Buch *Die Furcht vor der Freiheit*, welches eine treffliche Analyse des Faschismus bot und darlegte, wo die Gründe dieser Massenpsychose zu suchen sind. Fromm orientiert sich dabei breit an der Geschichte der Menschheit und geht von dem Bedürfnis nach Freiheit des Individuums aus, wenn diese sich von den politischen, wirtschaftlichen und geistigen Fesseln zu befrei-

[35] Karen Horney: der neurotische Mensch unserer Zeit. Kindler, München1964, S. 13
[36] Ebd, S. 16
[37] Ebd, S. 20

en versuchte: „Der Mensch befreite sich aus seiner Beherrschung durch die Natur und machte sich zu ihrem Herrn; er beseitigte seine Beherrschung durch die Kirche und durch den absolutistischen Staat."[38] Fromm ist der Meinung, dass der moderne Mensch jedoch nach dieser Befreiung noch nicht die Freiheit – verstanden als positive Verwirklichung seines individuellen Selbst – errungen hat. In den Jahren des Zweiten Weltkrieges musste die kultivierte Welt erkennen, dass Millionen von Menschen ihre Freiheit aufgaben und sich dem Wahn einer kleinen Clique unterordneten.

Erich Fromm (1900–1980) war ein deutsch-amerikanischer und soziologischer Psychoanalytiker, der von Sigmund Freud und Karl Marx inspiriert einen humanistischen und demokratischen Sozialismus vertrat. 1930 wurde er von Max Horkheimer nach Frankfurt (Frankfurter Schule) berufen und leitete dort die sozialpsychologische Abteilung. Nach der Machtergreifung Hitlers emigrierte Fromm in die USA. Zunächst hielt er in Chicago Gastvorlesungen, später in New York arbeitete er mit der emigrierten Gruppe um Horkheimer zusammen. Harry Stack Sullivan und Karen Horney gehörten ebenfalls zu seinen Freunden. Fromm blieb bis 1974 in den USA. Danach verlegte er seinen Wohnsitz ins Tessin, Schweiz, wo er 1980 starb.

Die schriftstellerische Tätigkeit von Fromm ist umfassend. Seine Hauptwerke sind: *Die Furcht vor der Freiheit* 1941, *Psychoanalyse und Ethik* 1946, *Psychoanalyse und Religion* 1949, *Der moderne Mensch und seine Zukunft* 1955, *Die Kunst des Liebens* 1956, *Jenseits der Illusionen* 1962, *Anatomie der menschlichen Destruktivität* 1974, *Haben oder Sein* 1976.

Die Monographie *Die Furcht vor der Freiheit* gilt vielen als sein Hauptwerk. Uns interessiert in diesem Zusammenhang vor allem, wie Fromm das Problem der Angst beschrieben hat. Er geht daran, *jene dynamischen Charakterstrukturen des modernen Menschen zu analysieren,* die ihn veranlassen, zu Lasten der Freiheit unter einem politisch amoralischen Regime oder unter einer religiösen Macht Zuflucht zu suchen. Das Zeitalter der Vernunft scheint bis heute nicht Einzug gehalten zu haben, wenn wir die vielen kriegerischen Auseinandersetzungen der letzten Jahre mit ihren vielen Toten und den schrecklichen Verwüstungen betrachten; und wir zweifeln am Selbstinteresse des Einzelnen, der immer wieder dazu neigt, sein Glück aufs Spiel zu setzen.

---

[38] Fromm, Erich: Die Furcht vor der Freiheit. DTV München 1998. S. 7

Sigmund Freud trug mehr als viele andere dazu bei, die neurotischen und irrationalen Gefühle in der individuellen Struktur des Charakters aufzudecken; und er legte damit den Blick frei in die brodelnde Gischt unbewusster Kräfte, auch wenn er letztlich aus den Fängen seiner kulturellen Grenzen nicht hinauskam. Der zweite Denker, auf den sich Fromm bezieht, ist Karl Marx, dessen „historischer Materialismus" die ökonomischen Verhältnisse der bürgerlichen Gesellschaft analysierte. Seine Ansicht, dass das Sein das Bewusstsein prägt, führte zu der Forderung nach Beseitigung der Ausbeutung fremder Arbeitskraft und der Entfremdung des Menschseins. Diese sozial geprägte Sicht und die psychoanalytischen Befunde, soweit diese eine humanistische Grundlage aufweisen, bezieht Fromm in seine sozialpsychologischen Überlegungen ein. Auch der Schicksalsglaube, der die Ergebenheit des Einzelnen unter eine höhere Macht fordert, wird als Hilfsmittel der Klassenherrschaft entlarvt: „Der Mensch wurde zu einem Zahnrad im riesigen Wirtschaftsapparat ... das einem Zweck diente, der ausserhalb seiner selbst lag. Die Bereitschaft, die eigene Person aussermenschlichen Zwecken unterzuordnen, hatte der Protestantismus (und die katholische Kirche d. V.) bereits vorbereitet, wenngleich Luther oder Calvin nichts ferner gelegen hätte, als ein solches Übergewicht der wirtschaftlichen Betätigung gutzuheissen. Aber sie hatten in ihrer theologischen Lehre immerhin dieser Entwicklung den Boden bereitet, indem sie dem Menschen sein geistiges Rückgrat brachen, ihm das Gefühl für seine Würde und seinen Stolz nahmen und ihn lehrten, er habe mit seiner Tätigkeit Zwecken zu dienen, die ausserhalb seiner selbst liegen."[39]

Grundsätzlich geht Fromm davon aus, dass die Beziehung zwischen Individuum und Gesellschaft keine statische ist. Der Mensch ist ein Gemeinschaftswesen, ist also immer mit der Gemeinschaft verbunden. Er kann nicht isoliert leben. All seine Bemühungen, sein Charakter, seine Lebensart stehen in engem Zusammenhang zu den gesellschaftlichen Gegebenheiten und zur Kultur. Andererseits gehen wir davon aus, dass jeder Mensch von seiner Natur her gesehen eine Dynamik in seiner Psyche trägt, die wirksam ist, wenn es darum geht, sich unter dem Druck der Verhältnisse anzupassen. Wenn sich ein Lehrer zum Beispiel unter dem Druck seines Vorgesetzten zu Massnahmen und Methoden im Umgang mit seinen Schülern gezwungen sieht, und wenn er aus Angst vor Ablehnung sein Verhalten diesen Umständen anpasst, dann bleibt das in seinem Inneren nicht ohne Folgen. Zumeist entwickelt sich im Gefühls-

[39] Fromm, Erich: Die Furcht vor der Freiheit. DTV München 1998, S. 85

leben gegen diesen äusseren Zwang die Haltung einer verdeckten Feindseligkeit, die aber aus Vorsicht vor Nachteilen nicht gezeigt wird. Andererseits gibt es Anpassungen, die kaum einen Einfluss auf die Persönlichkeit haben; sie können z. B. darin bestehen, sich an ein neues Fahrzeug zu gewöhnen.

In der ersten Zeit nach seiner Geburt ist der Säugling symbiotisch mit seiner Beziehungsperson verbunden. Er hat noch keine Empfindung von Selbständigkeit. Aber schon bald ändert sich das, und das Kind und der Jugendliche erfahren eine Ablösung und Distanz, die das junge Wesen seine Eigenständigkeit erfahren lässt. Die Folge kann sein, dass sich der Jugendliche andere Beziehungen und Symbiosen schafft. Man schliesst sich einer Peergroup an oder verliebt sich. Wenn diese Suche nach Geborgenheit unter dem Blickwinkel der Angst verläuft, wird die Freiheit als etwas Bedrohliches empfunden. Fromm wählte daher den Titel seines Buches *Die Furcht vor der Freiheit.* Im Verlaufe der Menschheitsgeschichte finden wir unzählige Beispiele für diesen von Angst geprägten Vorgang.

Fromm beschreibt den Zustand des heutigen Menschen als ein von Entfremdung geplagtes Wesen. Einerseits spricht die religiöse Ideologie „von der Verderbtheit des Menschen und seiner Unfähigkeit, aus sich heraus etwas Gutes zu tun (S. 60), andererseits zeigt Fromm auf, dass die weitere Entwicklung der kapitalistischen Gesellschaft die Persönlichkeit in der gleichen Richtung beeinflusste" (S. 80). Fromm kommt denn auch zum Schluss: „Es gibt nur eine einzige produktive Lösung für die Beziehung des Menschen zur Welt: seine aktive Solidarität mit allen Mitmenschen und sein spontanes Tätig-Sein," (S. 32). Und er schreibt weiter: „Während das Individuum sich in vieler Hinsicht geistig und emotional weiterentwickelt hat und in einem bisher unerhörten Rahmen kulturelle Leistungen vollbringt, ist die Kluft zwischen der »Freiheit von« und der »Freiheit zu« ebenfalls noch grösser geworden. Dieses Missverhältnis zwischen Freiheit **von** jeder Bindung und dem Mangel an Möglichkeiten **zu** einer positiven Verwirklichung der Freiheit und Individualität hat in Europa (1933) zu einer panischen Flucht vor der Freiheit in neue Bindungen oder zum mindesten in eine völlige Gleichgültigkeit geführt" (S. 33).

Die Angst vor der Isolation kann nach Fromm Auswirkungen auf ein Individuum haben, die ihn zu Fluchtmechanismen greifen lässt. Die Individualpsychologie Alfred Adlers hat durch empirische Untersuchungen zu den nicht bewusst wahrgenommenen Charakterhaltungen von Einzelpersonen wesentlich dazu beigetragen, die mannigfaltigen Rationalisierungen zu erfassen, zu denen Menschen Zuflucht suchen, um der als unerträglich empfundenen Angst vor Bedeutungslosigkeit zu entgehen. Dies geschieht immer dann, wenn die privaten und gesellschaftlichen Verhältnisse der Selbstverwirklichung im Wege stehen.

Nach Fromm gibt es drei Fluchtmechanismen, die Flucht ins Autoritäre, die Flucht ins Destruktive und die Flucht ins Konformistische. Es kann hier nicht die Aufgabe sein, einen umfassenden Überblick über diese Tendenzen zu liefern. Nur einige wenige Merkmale sollen Erwähnung finden und als Anregung dienen, Fromms Schriften selber zu erkunden.

Die *Flucht ins Autoritäre* zeigt ein Streben nach Beherrschung und Machtausübung gegenüber anderen auf. Das sind sadistische und masochistische Haltungen, die auf Ohnmacht und Minderwertigkeit zurückzuführen sind. Entweder unterwirft man sich diesen Tendenzen oder man übt Gewalt aus, manchmal beides, je nach eingeschätzter Situation (Sadomasochismus). In beiden Fällen wird die individuelle Freiheit aufgegeben und man wählt unbewusst den irrationalen Weg des Zwanges, der Zuwendung zum Autoritären, den Weg der Schwäche. In der pädagogischen Praxis ist sich ein Lehrer bewusst, wenn der Schüler scheitert, dann scheitert auch er; denn nur das gemeinsame Bemühen und das Zusammenspiel zwischen Lehrendem und Lernenden kann zum Erfolg führen. Wird der Misserfolg nur einseitig interpretiert, leugnet man die Bedeutung der Lehrerseite und distanziert sich meistens aus der Angst heraus, als ohnmächtig und hilflos zu erscheinen. Ein Lehrer äusserte sich kürzlich in einem Gespräch über seine Erlebnisse in der Schule: „Ich habe alles bei diesem Schüler versucht, aber gegen Dummheit kämpfen selbst Götter vergeblich." Auch hier spielt die Tendenz auszuweichen eine nicht geringe Rolle.

Die *Flucht ins Destruktive* unterscheidet sich nach Fromm von der *Flucht ins Autoritäre* dadurch, dass sie andere ausschalten und vernichten und nicht den anderen nur für die eigenen Zwecke missbrauchen will. „Liebe, Pflicht, Gewissen und Patriotismus benutzt man als Masken, um andere oder sich selbst zu zerstören." (S. 134). Ein wesentliches Merkmal dieser Fluchttendenz ist der Konkurrenzkampf und der Verdrängungswettbewerb, der sich in der heutigen Gesellschaft immer mehr ausbreitet. Josef Berghold schreibt in seinem Buch *Feindbilder und Verständigung*: [40]

[40] Berghold, Josef: Feindbilder und Verständigung. VS 2007, S. 67

Dieser (Verdrängungswettbewerb) hat wenig gemein mit dem fairen Wettstreit von tapferen Recken, wie es uns in den liberalen Heldensagen geschildert wird. Aber im ökonomischen Krieg ist jeder Streich erlaubt, der den Sieg sichert, je fintenreicher, desto besser. Und der in Frage kommenden Mittel, um den eigenen Erfolg zum Schaden des anderen zu erzwingen, gibt es da beinahe unübersehbar viele:

> Marktabsprachen und Kartelle, Missbrauch beherrschender Positionen, Dumpingpreise und Produktkoppelung, Missbrauch von Insiderwissen und Spekulation, feindliche Übernahme und Zerschlagung von Mitbewerbern, gefälschte Bilanzen und manipulierte Transferpreise, Steuerhinterziehung und Steuerflucht mittels Offshore-Filialen und Briefkastenfirmen, Zweckentfremdung öffentlicher Investitionshilfen und manipulierte Ausschreibungsverfahren, Korruption und versteckte Provisionen, ungerechtfertigte Bereicherung und Missbrauch öffentlichen Eigentums, Abhörpraktiken und Spionage, Erpressung und Denunziation, Verstoss gegen arbeitsrechtliche und gesundheitspolizeiliche Vorschriften, Verletzung der gewerkschaftlichen Organisationsfreiheit, Hinterziehung von Sozialbeiträgen, Umweltverschmutzung usw.

Bill Gates (Microsoft), reichster Mann der Welt, und Larry Ellison (Oracle), der das zweitgrösste persönliche Vermögen des Planeten besitzt (Jean Ziegler: *Die neuen Herrscher der Welt.* Goldmann 2005), werden in einem Bericht vor allem mit Kriegs- und Zerstörungsbildern wiedergegeben: Aus den Motivationssitzungen, in denen Ellison seinen Untergebenen einhämmerte: „Wir sind Raubtiere!" oder „Wir killen sie!" Ein hoher Konzernverantwortlicher wird mit der Erinnerung zitiert: „Bei Oracle haben wir nicht einfach versucht, den Konkurrenten zu schlagen, wir wollten ihn vernichten – man musste weiter auf ihn eindreschen, auch wenn er schon am Boden lag. Und wenn er noch den kleinen Finger rührte, musste man ihm die Hand abhacken." (Ziegler 2002, 77f.)

Diese erschreckenden Beispiele einer entarteten Wirtschaft und der dahinter stehenden Macher können ohne Mühe zu den Fluchtmechanismen ins Destruktive gezählt werden. Aber auch die Politik unserer Tage schneidet nicht besser ab. Peter Scholl-Latour schreibt zum Thema Irak-Krieg: „In Bagdad sollte auf den Ruinen des Saddam-Regimes ein »Leuchtturm der Freiheit« entstehen. ... Ein Gipfel der Selbsterniedrigung war (aber) erreicht, als die Horrorbilder der gefolterten und geschundenen irakischen Häftlinge der Kerker von Abu Ghraib die Öffentlichkeit erreichten. Diese sadistischen Auswüchse und die flagrante Missachtung der elementaren Menschenwürde gehörten ja auch in den Lagern von Guantánamo und in den Verhörzellen von Bagram, von Kandahar und so manchem anderen Ort eines Systems, dem unlängst noch die Bewunderung und die Hochachtung der Welt galten."[41] Auch hier erkennen wir die Intention, eine als feindlich empfundene Menschengruppe zu vernichten.

Die Flucht ins Konformistische verfolgt die Tendenz, dass der Einzelne aufhört, er selbst zu sein. Er gleicht sich so vollständig den Normen der Gesellschaft an, so, wie die anderen es von ihm erwarten. Auch hier spielt die Angst vor dem Alleinsein und Isoliert-Sein eine entscheidende Rolle. Diese Menschen sind davon überzeugt, dass sie ganz »sie« selber sind. Sie sind angepasst, oft sehr tüchtig, wenn es darum geht, die Ideen anderer zu verwirklichen und zu erfassen, was andere von ihnen verlangen. Sie tragen aber nur wenig durch eigenständiges Denken zum Fortschritt bei, da sie ihre Ohren und Sinne auf Empfang eingestellt haben und nicht auf Senden. Sie neigen dazu, alles gut zu finden, wenn nur die grosse Masse oder einflussreiche Leute dahinter stehen.

Gerade in der Pädagogik, dort wo fortschrittliches Gedankengut sich am nachhaltigsten auswirken würde, ist der Konformismus eine traurige Angelegenheit, denn er verhindert leider in manchen Fällen die Entwicklung der Individualität des Schülers. Bei der Einschätzung einer Schülerpersönlichkeit kommt es vor allem darauf an, diese in ihrer Eigenart und ihrem Geworden-Sein zu erfassen; da es nicht damit getan ist, starre und angepasste, linientreue und konvergierende Lösungen zu ergreifen. Die Frage stellt sich vielmehr, was dem Schüler hilft, aus seiner verzwickten Lage herauszuwachsen, und nicht, was Kollegen oder die Schulleitung vom Lehrer erwarten. Wir konstatieren aber, dass vielfach der Druck zur Konformität auf unseren „armen" Lehrer enorm ist. Dieser Verlust der Eigenständigkeit und der Ersatz durch ein Pseudo-Selbst bestärken die Unsicherheit und Angst vor Versagen und vor der eigenen Bedeutungslosigkeit. Selbständiges Denken und Handeln kann aber nur da gedeihen, wo Menschen fähig sind, eigene Gedanken zu haben. Fromm schreibt, dass „die Freiheit von einer äusseren Autorität nur dann ein dauernder Gewinn ist, wenn unsere inneren psychologischen Bedingungen derart sind, dass wir auch in der Lage sind, unsere Individualität zu behaupten." (S. 174). Dazu gehört, dass wir die Wahrheit über uns selbst kennen. Die irrationalen Ängste des heutigen Menschen bestehen darin, dass er diesen Zustand der

[41] Scholl-Latour, Peter: Die Angst des weissen Mannes. Ullstein TB 2010, S. 180

Selbsterkenntnis nicht erreicht hat. Auf die Frage: „Wer bin ich?“ lautet nur allzu oft die Antwort: „Ich bin, wie du mich haben willst.“ Fromm sieht denn auch in der Angst des heutigen Menschen vor allem den Verlust der Identität des Individuums, denn „hinter einer Fassade von Zufriedenheit und Optimismus ist der heutige Mensch tief unglücklich; tatsächlich steht er am Rande der Verzweiflung“ (S. 184), und er sagt später: „spontanes Tätigsein ist der einzige Weg, auf dem man die Angst vor dem Alleinsein überwinden kann, ohne die Integrität seines Selbst zu opfern, denn in der spontanen Verwirklichung des Selbst vereinigt sich der Mensch aufs Neue mit der Welt – mit dem Menschen, der Natur und sich selbst.“ (S. 188). Für Fromm sind die Liebe als spontane Bejahung des anderen und die Arbeit als Beitragsleistung zur Gemeinschaft die wichtigsten Komponenten der Spontanität.

Fritz Riemann

Schizoide Menschen haben Angst vor der Hingabe. Der Psychoanalytiker Ernst Riemann führt dazu aus: „Als Schutz gegen die Angst vor der Nähe versuchen sie, die grösstmögliche Unabhängigkeit zu erreichen. Mit solcher Neigung zur Autarkie und mit dem Ausweichen vor Nahkontakten ist aber ein Kreisen um sich selbst, eine zunehmende Egozentrizität unmittelbar verbunden, die sie mehr und mehr in die Isolation treibt.“ (S. 48)[42]

Depressive Persönlichkeiten haben Angst vor der Selbständigkeit. „Weicht man vor der Ich-Werdung, der Individuation, aus, bleibt man aber seinem Mensch-Sein etwas Wesentliches schuldig und wird mehr und mehr zum Objekt des Lebens. Wahrscheinlich hängt die Schuldgefühlsbereitschaft depressiver Menschen auch damit zusammen, dass sie fühlen, vor einer der grossen Forderungen des Lebens auszuweichen, indem sie nicht voll erwachsen werden wollen.“[43]

Der Zwangstyp fürchtet Hingabe und Veränderung. „Er möchte dem Leben immer vorschreiben, wie es sein sollte. Aber im Masse, wie er das Leben zwingen will – ursprünglich das Lebendige in sich selbst zwingen musste – wird ihm dies Bemühen selbst zum Zwang. Denn nur die immer wache Kontrolle über das „Chaos“ und dessen Festlegen in Regeln und Gesetze kann die Garantie geben, dass nichts geschieht, was nicht geschehen darf. Alle noch so geringen

42 Riemann, Fritz: Grundformen der Angst. E. Reinhardt. München, 1992
43 Ebd. S. 96

Abweichungen von der „Norm" erinnern an mögliche Gefahren." (Auch schon schief hängende Bilder). Starre Erziehungsmethoden können Auslöser dieser zwanghaften Entwicklungen, besonders von Perfektionismus, werden.

Hysteriker haben Angst vor Beständigkeit und Endgültigkeit. Auch dazu hat Riemann grundlegendes gesagt: „Hysteriker streben ausgesprochen nach Veränderung und Freiheit, bejahen alles Neue, sind risikofreudig; ihnen ist die Zukunft, die mit ihren Möglichkeiten offen vor ihnen liegt, die grosse Chance. Dementsprechend fürchten sie nun alle Einschränkungen, Traditionen und festlegenden Gesetzmässigkeiten, die gerade die Werte für den zwanghaften Menschen waren. Man ist nicht bereit, die gültigen Spielregeln des zwischenmenschlichen Zusammenlebens und (sogar) Naturgesetzlichkeiten anzunehmen." [44]

Josef Rattner und Gerhard Danzer

Josef Rattner (Wien 1928) ist Psychotherapeut, promovierter Philosoph und Mediziner, Pionier von Grossgruppentherapie und Autor. Gerhard Danzer (Passau 1956) ist Arzt, Psychologe, Hochschullehrer und Autor. In ihrem gemeinsam veröffentlichten Buch *Grundbegriffe der Tiefenpsychologie und Psychotherapie* ist es ihr Ziel, nicht nur das Feld der möglichen und notwendigen Forschung auszuleuchten, sondern auch die Resultate der Erkenntnisbemühungen zusammenzutragen.

Wir beschränken uns auf einige Aspekte der Selbsterkenntnis und Persönlichkeitsentwicklung und wollen damit aufzeigen, wie dieser Weg beschritten werden kann und welche Voraussetzungen dabei gegeben sein müssen.

Der Mensch muss gesehen werden auf dem Hintergrund der Evolution des Lebendigen auf der Erde, die vom Einzeller bis zum Menschen hinführt. (S. 9)[45] Das knüpft an Charles Darwin an und sieht den Menschen als Teil des universellen Lebensgeschehens. Wenn das Sicherheitsverlangen bei einer Tierart stärker als der evolutionäre Drang war, „blieb die Evolution stehen oder kehrte sogar um."

In der Tiefenpsychologie sind ansonsten vielfältige geschichtsphilosophische Überlegungen angestellt worden; so verfasste Sigmund Freud kulturkritische Schriften, zudem Thesen zur Geschichtsphilosophie. Bei Alfred Adler ist

---

44 Ebd. S. 156

45 Rattner J. u. Danzer G.: Grundbegriffe der Tiefenpsychologie und Psychotherapie

das Gemeinschaftsgefühl der Motor der Kulturentwicklung. Diese Disposition „muss durch soziale Einflüsse gepflegt und entfaltet werden.“ (S. 15)[46]. Für die Neurose bedeutet dies:

> Sie entspringt der pathogenen Familie, aber auch der pathologischen Schule, der Gesellschaft, der Ökonomie, der politischen Pathologie, dem Kulturleben, der geistigen Tradition, dem gesellschaftlichen Autoritarismus, der kollektiven Unvernunft, dem „Zeitgeist“, und der bisherigen Kulturgeschichte der Menschheit – ihrer tausendfältigen Ätiologie muss eine tausendfältige Therapie entsprechen (S. 18)[47]

Das entspricht dem Ganzheitsgedanken in der Tiefenpsychologie. Die kleinliche Psychotherapie, bei der nur ein kleiner Teilaspekt – ein Symptom – behandelt wird, kann nicht zu einer Gesundung der Seele, des Körpers und des Geistes führen. „Psychisch gesund ist man nicht nur, wenn man „arbeiten und lieben“ kann und zu guten zwischenmenschlichen Beziehungen fähig ist; es gehört dazu auch, dass man seine Vernunft entfaltet hat, die Wahrheit zu suchen und zu finden in der Lage ist“ (S. 20)[48].

Für die Psychotherapie bedeutet das in erster Linie, die *Projektionen* eigener Schwächen auf andere Menschen, die *Verdrängungen* von Trieben, Gefühlen, Affekten, Gedanken, Wertungen, etc. und die *Rationalisierungen* von unvernünftigem Verhalten zu verstehen und zu verkleinern. Am Beispiel der Affekte lässt sich gut erfassen, wie jede Affektreaktion auf einer empfundenen Unzulänglichkeit beruht. Die Liste der Affekte reicht von den aktiven (Neid, Ehrgeiz, Eifersucht, Eitelkeit, Ärger, Hass, Wut, Zorn) bis zu den passiven (Angst, Trauer, Scham, Ekel) Beeinträchtigungen. „Aber die Kampfposition zur Beziehungswelt ist gleichwohl stets vorhanden. Man kann seine Mitmenschen mit einem Wutanfall ebenso sehr bekämpfen wie mit einem Anfall von Trauer und Angst. Die Umstehenden werden jeweils eingeschüchtert und empfinden Furcht oder Mitleid“ (S. 108)[49].

Wenn Affekte auf dem Hintergrund von Verletzungen, Kränkungen und demzufolge von Streben nach Geltung und Macht gesehen werden müssen, dann gehören diese Tendenzen in den Bereich des Unsozialen. Gefühle hinge-

---

[46] Ebd.
[47] Ebd.
[48] Ebd.
[49] Ebd.

gen verbinden Menschen durch Liebe, Freude, Mitleid, Güte, Wohlwollen, Solidarität, etc. Sie sind so etwas wie der Motor des Seelenlebens, und jede Persönlichkeitsentfaltung gedeiht auf diesem Boden. Während uns Affekte an dieser Entwicklung hindern und begrenzen, erweitern die Gefühle den Freiheitsraum der Persönlichkeit. Menschen, die häufig zu starken Affekten neigen, können sich schwerlich dafür verantwortlich zeigen, da sie diese Haltungen der Eigenart ihrem Temperament zuordnen. Andere verweisen auf ihre Empfindsamkeit, die sich an der groben Welt stösst. In allen Fällen erkennt man bei genauerer Beobachtung eingeübte Charakterzüge, die einen Lebensplan, ein Lebensziel aufdecken, die Offenheit und Zuwendung vermissen lassen. Manchmal kann es sein, dass Menschen sich in Beziehungen nicht genügend abgrenzen können und deshalb die Krücke der affektiven Reaktion wählen.

Affekte sind oft massgeblich an psychosomatischen Störungen beteiligt, und es muss unbedingt danach gesucht werden, welcher Affekt in ihnen sein Wesen oder Unwesen treibt.

Die verschiedenen Affekte scheinen in spezifische Körperfunktionen einzugreifen. An sich erzeugt jeder Affekt „Erregungs-Stürme im Vegetativum" mit der ganzen Fülle der daraus folgenden Nachwirkungen. Aber Ärger, Wut und Zorn haben möglicherweise einen „direkten Draht" zum Herz-Kreislauf-System und zum Verdauungstrakt. Die Trauer geht sehr oft mit Verstopfung einher, weil der traurig-verstimmte Mensch der als total feindlich empfundenen Welt weder Gefühle noch Exkremente hergeben will. Die Angst beeinflusst das Gleichgewichtsorgan, den Blutdruck und die Atmung. Und so in vielen Varianten bei allen Funktionen des Leibes und der Seele. (S. 112)[50]

Auch die Intelligenz ist nicht unwesentlich von den Affekten betroffen. Das Blickfeld scheint *röhrenförmig* verengt und zwanghaft auf den Auslöser des Affektes gerichtet zu sein. Das schematische Denken in Gegensatzpaaren wie Schwarz-Weiss, Gut-Böse etc. lässt eine Differenzierung nicht zu und läuft Gefahr, allen möglichen Vorurteilen zu erliegen. Bis heute gelingt es Politikern und Demagogen immer wieder, derart erzogene Menschen für ihre zumeist „unheiligen" Zwecke auszunutzen.

Es besteht kein Zweifel, dass Affekte in der Partnerschaft zu häufigem Streit und zu Missverständnissen führen. Aber auch das Verhältnis zwischen Kindern und Eltern, Lehrern und Schülern unterliegt nur allzu oft dem Versuch,

---

[50] Ebd.

die Eigenart des anderen entschieden zu bekämpfen. Kindern und Jugendlichen gesteht man nicht das *Recht auf Individualität zu.* Eine Anleitung zu Eigenständigkeit, Selbstwertgefühl und wohlwollender Unterstützung ist eher eine Seltenheit. Manche Kinder erleben die Eltern als bedrängend und feindlich. Lehrer werden nicht selten als frustrierend, enttäuschend und uninteressiert geschildert.

Verbesserung kann es nur geben, wenn Affekte in Gefühle umgewandelt werden. Was uns an anderen stört, kann auch als eigenes Problem verstanden werden, welches es zu bearbeiten gilt. Eine wirkliche Verbesserung der Lebenslage bedeutet, dass sowohl die Zwischenmenschlichkeit als auch die kulturelle Seite mit den humanistischen Werten gefördert wird. Wenn Menschen sich angesprochen fühlen, bedeutet das, dass sie durch die Sprache Zugang zum anderen finden. Auch die Aussage: sich oder die Welt infrage stellen, deutet auf unsere Kommunikationsbereitschaft hin. Die Veränderung von Verstimmungen geht immer über das Gespräch, wobei Gemütsverstimmungen wie bei einem „verstimmten Klavier, bei dem alle Saiten auf ein neues Spannungs-Niveau gebracht werden müssen, wenn der Eindruck der ‚Wohltemperiertheit' entstehen soll" (S. 98)[51], aufgefasst werden können.

Dieses hochgesteckte Ziel setzt psychologische Menschenkenntnis voraus,. Es ist zu hoffen, dass diese zum Leitstern jeder individuellen und kollektiven Gewissensbildung wird. In diesem Sinne sind Persönlichkeitsentwicklung und Therapie zu verstehen. *Trennende Charakterzüge* wie z. B. die Angst lassen sich nicht beheben, wenn die Lebensgeschichte, die sozialen Interaktionen und die Kulturleistung (nach Adler ist Letzteres Ausdruck und Symbol des menschlichen Gemeinschaftsgefühls), eine genaue Analyse vermissen lassen.

Die Frage, ob die Persönlichkeitsentwicklung nur in Form zwischenmenschlicher Beziehungen stattfinden kann, führt uns zu der Überlegung, dass jedem Menschen eine schöpferische Kraft, Spontanität, Freiheit und Selbstverwirklichung innewohnt, sodass „das Ich an sich selbst und mit sich selbst Aufbauarbeit leisten kann und soll" (S. 221)[52].

---

[51] Ebd.
[52] Ebd.

4. Das Menschenbild steuert unser Denken und Handeln

Peter Kropotkin (1842-1921), beschreibt in seinem Buch *Gegenseitige Hilfe in der Tier- und Menschenwelt*[53], wie Tiere und Menschen von frühester Zeit bis in die Neuzeit den Kampf durch das Zusammenwirken ersetzen, und wie dieser Ersatz schliesslich „zu der Entwicklung der geistigen und moralischen Fähigkeiten führt, die der Art die besten Bedingungen des Überlebens sichert". (S. 2)

> „Auf den Reisen, die ich in meiner Jugend durch das östliche Sibirien machte, empfing ich zwei starke Eindrücke aus dem Reich des Tierlebens. Der eine war die ausserordentliche Härte des Kampfes um die Existenz, den die meisten Tierarten wider eine raue Natur zu führen haben ... Den anderen Eindruck zeitigte folgende Bemerkung: Selbst an den wenigen Orten, wo das Tierleben üppig gedieh, konnte ich, obwohl ich emsig darauf achtete, nicht jenen erbitterten Kampf um die Existenzmittel zwischen Tieren, die zur gleichen Art gehören, entdecken." (Vorwort S. III).

> „Wir haben in den letzten Jahren so viel von dem *harten, erbarmungslosen Kampf ums Dasein* gehört, der von jedem Tier gegen alle anderen Tiere, von jedem *Wilden* gegen alle anderen *Wilden* und von jedem zivilisierten Menschen gegen alle seine Mitbürger geführt wird, und diese Behauptungen sind in einem Grade Glaubensartikel geworden, dass es erst einmal notwendig war, ihnen eine lange Reihe von Tatsachen gegenüberzustellen, die Tier- und Menschenleben in einem anderen Lichte zeigen." (Vorwort S. X)

[53] Kropotkin, Peter: Gegenseitige Hilfe in der Tier- und Menschenwelt. Leipzig 1910

Der Mensch läuft auch heute noch Gefahr, sich und andere zu missverstehen, da die wissenschaftlichen Erkenntnisse der psychischen Zusammenhänge noch nicht Allgemeingut sind. Besonders die Erziehung leidet darunter, und Vorurteile führen hier zu besonders schweren Irrtümern und oft irreversiblen Folgen bei Kindern und Jugendlichen. An erster Stelle muss der Irrglaube über die Bösartigkeit der menschlichen Natur Erwähnung finden, der über Jahrhunderte das Zusammenleben der Menschen vergiftete.

Bedeutende Hirnforscher, Gerald Hüther und vor allem Joachim Bauer, haben die Beobachtungen von Kropotkin bestätigt, dass Menschen *soziale Wesen* sind. Letzterer ist der Überzeugung, dass der biologische Bauplan mit seinen Antriebsaggregaten „Motivationssysteme“ oder auch „Belohnungssysteme“ darstellen, die je nach Substanz Antrieb und Motivation zum Erliegen bringen (Neuroleptika). Wird dagegen das System vom Botenstoff „Dopamin“ beeinflusst, wird einerseits Bewegung möglich und andererseits die Funktion eines psychischen Antriebs- und Motivationsschubes aktiviert. Dadurch sollen „dem Organismus günstige Bedingungen zum Erreichen lohnender Ziele“ ermöglicht werden[54]. Ein lohnendes Ziel kann aber nur Solidarität unter den Menschen bedeuten, was Soziabilität ausmacht.

Der Hirnforscher Gerald Hüther erklärt, dass „Forschungsergebnisse der letzten Jahre deutlich gemacht haben, dass der Bau und die Funktion des menschlichen Gehirns in besonderer Weise für Aufgaben optimiert sind, die wir unter dem Begriff *psychosoziale Kompetenz* zusammenfassen.“ Die volle Entfaltung des Gehirns hängt nach Hüther davon ab, wie wir mit ihm umgehen, was wiederum Verantwortungsbewusstsein voraussetzt.[55] Ein massgebliches Kriterium ist die Tatsache, dass Menschen psychisch wie auch körperlich erkranken, wenn sie vom Weg des Gemeinschaftsdenkens und -handelns zu sehr abweichen.

Unser Menschenbild muss sich dann einer Korrektur unterziehen, und die Voraussetzung dazu ist, die überholten Meinungen und Begriffe infrage stellen zu können, die uns von Kindheit an vermittelt wurden. Die Menschheitsgeschichte von den Anfängen der Steinzeit bis heute zeugt von der individuellen, gesellschaftlichen und kulturellen Entwicklung, die sich nur durch ein auf Verständigung ausgerichtetes Zusammenleben ergeben konnte. Wir können beobachten, dass alle Institutionen, die einem friedlichen Zusammenleben im Wege stehen, sowie alle wesensfremden Ansichten und Doktrinen, von der

---

[54] Bauer, Joachim: Prinzip Menschlichkeit. Hoffmann und Campe, Hamburg, 2006

[55] Hüther, Gerald: Bedienungsanleitung für ein menschliches Gehirn. V&R, Göttingen, 2006

Mehrheit der Menschen nicht gebilligt werden. Es braucht einen grossen Aufwand an Verführung und Gewalt, um Menschen gegeneinander aufzuhetzen und zu kriegerischen Handlungen zu zwingen. Auch verlässt kein normaler Mensch seine Familie, nur weil er seine angeblichen *Aggressionen* ausleben will und dabei umkommt. Hier erleben wir, dass so etwas nur möglich wird, wenn man dem Menschen eintrichtert, die Natur bedeute eben Kampf. Die Bösen sind dabei immer die anderen. Bei genauer Betrachtung geht es in Kriegen um Machtzuwachs und wirtschaftliche Vorteile für Wenige.

Der österreichische Pädagoge und Therapeut August Aichhorn (1878-1949) hatte den Mut, um 1920 auf psychoanalytischer Grundlage verwahrloste Jugendliche absolut gewaltfrei und mit Milde zu leiten. Er war auch der Erste, der für eine Erziehung ohne Zwang eintrat. Das konnte ihm nur gelingen, weil er die Bedeutung einer sozialen Ausrichtung für jeden Menschen erkannte. Die hervorragenden Ergebnisse seiner pädagogischen Bemühungen gaben ihm Recht.

Viele Ängste werden vermieden, wenn Menschen in einer friedlichen Welt, einer Gemeinschaft leben können, die aufgrund der sozialen Disposition eines jeden seine Entwicklung zu einem Gemeinschaftswesen fördert. Das Leben ist nie statisch zu sehen, sondern es kommt immer einem dynamischen Prozess gleich. Es ist daher zwingend, die Probleme des Lebens wie die in der Gesellschaft stets anzugehen und nach Lösungen zu suchen, anstatt diese hinauszuschieben oder im Sinne von Partialinteressen zu regeln.

Nachdem Leonhard Frank 1917 mehrere Novellen unter dem Sammeltitel *Der Mensch ist gut* veröffentlicht hatte, wurde diese Schrift im faschistischen Deutschland umgehend verboten. Heute gilt Frank als einer der bedeutendsten sozialkritischen Erzähler des 20. Jahrhunderts, dessen psychologisch wichtige Werke von einem humanen und solidarischen Zusammenleben aller Menschen geprägt sind.

Wie können nun Lehrpersonen und Erzieher zu Selbsterziehern werden, ausgestattet mit einem realistischen Menschenbild? Lehrer sind in der Schule den vielfältigsten Einflüssen ausgesetzt und durchleben dabei nicht selten das unangenehme Gefühl der Angst. Wir neigen dazu, diesen unerfreulichen und verwirrenden Zustand so schnell wie möglich abzuschütteln. Der Gedanke, Angst könne auch mit unserem Menschenbild zu tun haben, wird kaum in Erwägung gezogen. Angst ist immer eine Herausforderung, sich dem Leben zu stellen und andere Menschen an uns herankommen zu lassen. Wir befürchten dabei oft, zu unterliegen und von anderen missachtet zu werden. Wenn wir vor

Begegnungen zurückschrecken und wenn uns dabei Unruhe überfällt, dann bezahlen wir das mit Angstempfindungen. Wir erleben dabei den Mitmenschen nicht als Freund, sondern als jemanden, der uns nicht wohl gesinnt ist. Besonders wenn die Eindrücke in der Kindheit bedrückend gewesen sind, stehen wir vor der Aufgabe, unsere Persönlichkeitsentfaltung zu initiieren, denn Angst will uns darauf aufmerksam machen, dass in unserem Gefühlshaushalt etwas noch nicht stimmt. Dank der Forschungsergebnisse der Psychologie ist der Weg frei zum Menschen. Er lehrt uns den freien Umgang mit unseren Mitmenschen auf dem Boden der Gleichwertigkeit und des gegenseitigen Respekts. Eine wohlwollende Haltung ist die Voraussetzung für alle Begegnungen, seien es Schüler, Eltern, Kollegen oder Vorgesetzte. Die sich einstellende Angst im Umgang mit unseren Mitmenschen verblasst dann mit der Zeit.

5. Schlussbetrachtung

Der Wunsch nach einer Anleitung, wie Angst am besten vermieden werden kann, ist verständlich. Alle Belehrungen und Ratschläge haben aber leider den Nachteil, dass sie wie Regentropfen an uns abgleiten. Unsere Charakterstruktur lässt uns meistens ohne grosse Überlegungen handeln. Das ist auch sinnvoll. Stellen Sie sich vor, Sie rufen: „Achtung! Eine Lawine!"- Und schon sind Sie begraben. Was Ihnen eventuell noch helfen würde, ist eine blitzschnelle Reaktion - die Flucht.

Aber was ist sinnvoll, wenn uns Ängste überfallen, die fast immer nicht lebensbedrohlich sind, wie z. B. Angst vor Autoritäten oder vor sonstigen Auseinandersetzungen? Das sitzt tief in unserem Gemüt und kann nicht mit ein paar Regeln behoben werden. Es braucht dazu eine Gefühlsumstellung, die wir in schwierigeren Fällen nicht alleine bewerkstelligen können, da wir fast immer nur die Symptome sehen, nicht aber die verborgene Energie. Daher kann in solchen Fällen nur ein Fachmann Hilfe leisten, der im dialogischen Gespräch zur Selbsterkenntnis ermutigt und nicht die Symptome bekämpft. Es braucht viel Nachdenken, Geduld mit sich selbst und Selbsterkenntnis, guten Lesestoff und vor allem Mut, um die Furcht vor dem Leben zu überwinden.

Vielleicht gelingt es uns, etwas Einsicht in die Angstproblematik zu gewinnen, wenn wir ergründen, welche Gedanken sich andere Menschen dazu gemacht haben. Wir stossen dann auf Aussagen wie: „Angst lässt uns die Grenzen unserer Persönlichkeit erkennen." Tatsächlich müssen wir konstatieren, dass wir uns bei Angst oft allzu sehr an das uns vertraute Reaktionsmuster klammern, was uns den Weg zu einer kreativen Auseinandersetzung versperrt.

Der Philosoph Seneca (4. Jh. v. Chr.) äusserte sich so: „Nicht weil es schwer ist, wagen wir es nicht, sondern weil wir es nicht wagen, ist es schwer." – Daraus kann man lernen, dass es uns an Mut und Selbstvertrauen fehlt, wenn wir allzu zaghaft an eine Sache herangehen. Furcht will überwunden sein. Kafka war der Überzeugung, dass *Wege dadurch entstehen, dass man sie geht.* Wenn aber die Angst gross ist, Fehler zu machen, dann machen wir nur kleine Hüpfer anstatt grosse Sprünge.

Der Übervorsichtige bemerkt meistens nur die anderen und deren Anliegen, aber wo bleibt er? Jeder von uns ist jedoch zunächst einmal eine Individualität mit allen Ecken und Kanten; davon sollten wir ausgehen, und nicht von irgendeiner Norm.

Vorsicht kann nicht mit Angst vermischt werden und Zurückhaltung ist manchmal ein Zeichen von Klugheit. Angst erhöht auch nicht selten die Wachsamkeit. Man sollte also auf die richtige Art Angst haben. Wenn z. B. eine Prüfung ansteht, dann ist es sinnvoll, diese nicht allzu leicht zu nehmen. Die Furcht vor dem Versagen lässt uns dann noch einmal einen Blick in die Bücher werfen.

Angst ist auch ein Merkmal dafür, wie wir die Dinge betrachten. In manchen Fällen mag unsere Wahrnehmung von der Vorstellung getrübt sein, eine Aufgabe nicht bewältigen zu können, weil sie uns so riesengross erscheint. Hinterher müssen wir feststellen, dass sie einigermassen gut lösbar war. Letztlich ist es tröstlich zu wissen, dass „der stärkste Mann auch einmal unters Bett schaut“, wie uns Erich Kästner verrät.

Danksagung

Viele Hinweise durch Lesen und vor allem durch die Auseinandersetzung mit interessierten Freunden trugen dazu bei, das grosse Gebiet der Angst etwas zu entwirren. Der Gedanke von Friedrich Nietzsche war mir dabei behilflich, wenn er sagt: „Ein Mensch hat immer Unrecht – mit Zweien beginnt erst die Wahrheit."

Mein Dank geht an Dr. med. et phil. Gerhard Danzer, dessen weitreichende psychologische, geschichtsphilosophische und kulturelle Sicht vom Menschen zum Verständnis der Angst beigetragen haben. Ebenso dankbar bin ich den Lehrerinnen, Lehrern und Pädagogen, die so bereitwillig und offen ihre Angst im Schulalltag beschreiben und damit diesem Buch eine ganz persönliche Note geben. Fruchtbar und förderlich waren auch die vielen Gespräche mit meiner Frau Grete, die mit grossem Interesse diese Arbeit begleitete und viel zum Gelingen beigetragen hat. Barbara Gucek, Jutta Riester, Karl Bischofberger und Hartmut Siebenhüner verdanke ich die sorgfältige Korrekturarbeit.

Friedhelm J. Adrian

Zürich, September 2018

Literatur

Adrian, Friedhelm J. (2015): Wenn die Schule das Problem ist. VTA. Bad Rappenau.

Ders.: (2017): Schule und Bildung. VTA. Bad Rappenau.

Ders. (2011): Gemeinschaftsgefühl- Alternative oder Bestimmung? V&R, Zeitschrift für Individualpsychologie 2011/4. Göttingen.

Adrian, Grete J. (2016): Lob der Skepsis. VTA. Bad Rappenau.

Adler, Alfred (1919): Psychotherapie und Erziehung, Bd. III. Fischer, Frankfurt a. M. 1983.

Ders. (1927): Menschenkenntnis. Fischer 1947. Zürich.

Ders. (1929): Individualpsychologie in der Schule. Fischer 1972.

Ders. (1933): Der Sinn des Lebens. Fischer 1979.

Adorno, Theodor W. (1963): Erziehung zur Mündigkeit. Suhrkamp 2017. Frankfurt a. M.

Bauer, Joachim (2006): Prinzip Menschlichkeit. Hoffmann und Campe. Hamburg.

Brecht, Bertolt (1965): Herr Puntila und sein Knecht Matti. SV 2013. Berlin.

Bowlby, John (1979): Das Glück und die Trauer. Klett-Cotta 1980. Stuttgart.

Buber, Martin (1984): Das dialogische Prinzip. Lambert Schneider. Heidelberg.

Burckhardt, Jacob (2009): Die Kultur der Renaissance in Italien. Kröner. Stuttgart.

Burns, John (2015): Die Charakterologie Erich Fromms. VTA. Bad Rappenau.

Danzer, Gerhard (2013): Medizinische, psychologische, philosophische Anthropologie. Vorlesungen. Charité Berlin.

Datler, Margrit (2016): Wie komme ich mit diesen Schülern und diesen Eltern zurecht? V&R, Zeitschrift für Individualpsychologie. 2016/3. Göttingen.

Feuerbach, Ludwig (1967): Über das Wesen der Religion. Akad. Verl. Berlin.

Fellay, Gerda (1997): Friedrich Liebling, Leben und Werk. Verlag Gegenseitige Hilfe. Sitten 2010.

Dies.: (2000): Pierre Ramus. Verlag Gegenseitige Hilfe. Sitten.

Frank, Leonhard (1919): Der Mensch ist gut. Arena 1986. Würzburg.

Freud, Sigmund (1899): Traumdeutung. Fischer 1988. Frankfurt a. M.

Ders. (1917): Vorlesungen zur Einführung in die Psychoanalyse. Fischer 1983.

Fromm, Erich (1970): Über den Ungehorsam. Dtv 1986. München.

Ders. (1981): Analytische Soziologie und Gesellschaftstheorie. Suhrkamp 1970. Frankfurt a. M.

Grawe, Klaus (1998): Psychologische Therapie. Hogrefe. Göttingen.

Handke, Peter (2004): Die Angst des Tormanns beim Elfmeter. Süddeutsche Zeitung. München.

Hell, Daniel (2009): Welchen Sinn macht Depression? Rowohlt. Hamburg.

Horney, Karen (1951): Der neurotische Mensch unserer Zeit. Kindler. Stuttgart.

Hüther, Gerald (2006): Bedienungsanleitung für ein menschliches Gehirn. V&R. Göttingen.

Kafka, Franz (1952): Brief an den Vater. Fischer 1983. Frankfurt a. M.

Kozlik-Voigt, Babette (2015): Karen Horney. VTA. Bad Rappenau.

Kropotkin, Peter (1918): Der Wohlstand für Alle. Genossenschaftsdruck. Basel.

Ders. (1910): Gegenseitige Hilfe in der Tier- und Menschenwelt. Thomas. Leipzig.

Ders. (1896): Der Staat und seine historische Rolle. Unrast. 2008. Münster.

Largo, Remo H. (2011): Jugendjahre. Piper. Zürich.

Löwith, Karl (1956): Wissen, Glaube und Skepsis. V&R. Göttingen.

Ders. (1928): Das Individuum in der Rolle des Mitmenschen. K. Albert-Verlag. Freiburg i. Br. 2013.

Mann, Heinrich (1964): Der Untertan. Dtv. München.

Mackay, John (1897): Max Stirner. Mackay-Gesellschaft 1977. Freiburg i. Br.

Mackenthun, Gerald (2012): Gemeinschaftsgefühl. Psychosozial-Verlag. Giessen.

Mandela, Nelson (2013): Der lange Weg zur Freiheit. Fischer. Frankfurt a. M.

Rattner, Josef & Danzer, Gerhard (2000): Grundbegriffe der Tiefenpsychologie. Wissenschaftliche Buchgesellschaft. Darmstadt

Rattner, Josef und Danzer, Gerhard (2005): Die Junghegelianer. Königshausen & Neumann. Würzburg.

Rattner, Josef (2009): Hermeneutik und Psychoanalyse. K&N. Würzburg.

Ders. (2010): Pädagogik und Psychoanalyse. K&N. Würzburg.

Ders. (2011): Handbuch der Seelisch-geistigen Gesundheit. Verlag für Tiefenpsychologie (VT). Berlin.

Ders. (1992) : Psychotherapie und Weltanschauung. VT. Berlin.

Sartre, Jean-Paul (1965): Die Wörter. Ex Libris. Zürich.

Siebenhüner, Hartmut (2015): Die Entdeckung der Zwischenmenschlichkeit. VTA. Bad Rappenau.

Sullivan, Harry S. (1953): Die interpersonale Theorie der Psychiatrie. Fischer. (1980). Frankfurt a. M.

Ders. (1976): Das psychotherapeutische Gespräch. Fischer.

Voigt, Matthias (2017): Erziehung, Pädagogik und die Kultur der Menschheit. VTA. Berlin.

Zweig, Stefan (1925): Angst. Reclam 2013. Stuttgart.

Neuerscheinung Juli 2017

Reinhold Köpke
Keine Angst vor Goethe
Eine Annäherung in 23 Kapiteln
234 S., Hardcover, erschienen Juli 2017
ISBN: 978-3-946130-12-3
24,00 €

Über den Inhalt

Reinhold Köpkes Reiseerlebnisse, seine Vorträge und Aufsätze bringen uns Goethe und die anderen Personen des klassischen Weimars auf unaufgeregte und informative Weise nahe. Wir lesen von Goethes Genie und Schaffenskraft, seiner Arbeit und seiner Geselligkeit, von seinem Liebesleben und von seinem Umgang mit Muße und Stille.

Seit 1980 hat der Berliner Psychologe Köpke mehr als 100 Mal Weimar und damit Goethe besucht. Diese Beschäftigung war ein Tor in die Welt des menschlichen Seelenlebens, denn die Person Goethes wirft ein vielfältiges Licht auf die menschliche Existenz im Allgemeinen.

Das Buch mit seinen 23 Aufsätzen und Vorträgen eignet sich hervorragend zur Vorbereitung auf eine Weimarreise und kann ebenso angenehmes Erinnerungsstück eines Besuchs dieser kulturell so anregenden Stadt sein.

Über den Autor

Reinhold Köpke, geboren 1940, gelernter Installateur- und Klempnermeister, wechselte nach einem Studium der Psychologie 1999 in den Beruf des Psychotherapeuten. Er hielt Dutzende Kurse an Berliner Volkshochschulen und leitete Seminare an der Berliner Lessing-Hochschule.

Bestellungen in allen Buchhandlungen und auf allen Internet-Plattformen.

Matthias Voigt
Erziehung, Pädagogik und die Kultur der Menschheit
Der Beitrag der Tiefenpsychologie zur kulturellen Evolution
270 Seiten, gebunden, erschienen April 2017
ISBN 978-3-946130-11-6
27,00 €

Grete J. Adrian
Spiel als Erziehung – Erziehung als Spiel
Ein Essay
192 Seiten, Paperback, erschienen Oktober 2017
ISBN: 978-3-946130-07-9
18,00 € (D; A), 22,00 CHF

Phyllis Bottome
Alfred Adler – aus der Nähe porträtiert
304 Seiten, gebunden, 2., verbesserte Auflage Juli 2017
ISBN: 978-3-00-040056-8
30,00 €